U0915615

……………………………………………………………

福建省社会科学普及出版资助项目说明

福建省社会科学普及出版资助项目由福建省社会科学界联合会策划组织和资助出版，是面向社会公开征集的大型社会科学普及读物，旨在充分调动社会各界参与社会科学普及的积极性、创造性，推动社会科学普及社会化、大众化，为社会提供更多更好的社会科学普及优秀作品。

生活中的保险

主　编　黄茂海

副主编　邱全俊　黄伟纲

厦门大学出版社　国家一级出版社
XIAMEN UNIVERSITY PRESS　全国百佳图书出版单位

图书在版编目（CIP）数据

生活中的保险 / 黄茂海主编 ；邱全俊，黄伟纲副主编. -- 厦门 ：厦门大学出版社，2022.10

ISBN 978-7-5615-8696-9

Ⅰ. ①生… Ⅱ. ①黄… ②邱… ③黄… Ⅲ. ①保险－基本知识－中国 Ⅳ. ①F842

中国版本图书馆CIP数据核字(2022)第145506号

出 版 人 郑文礼
责任编辑 许红兵
封面设计 蔡炜荣
技术编辑 朱 楷

出版发行 厦门大学出版社
社 址 厦门市软件园二期望海路 39 号
邮政编码 361008
总 机 0592-2181111 0592-2181406(传真)
营销中心 0592-2184458 0592-2181365
网 址 http://www.xmupress.com
邮 箱 xmup@xmupress.com
印 刷 厦门集大印刷有限公司

开本 720 mm×1 000 mm 1/16
印张 10.5
插页 2
字数 147 千字
版次 2022 年 10 月第 1 版
印次 2022 年 10 月第 1 次印刷
定价 40.00 元

厦门大学出版社
微信二维码

厦门大学出版社
微博二维码

前　言

生活离不开保险。保险让生活更美好。党中央和国务院对保险教育工作非常重视，早在2006年《国务院关于保险业改革发展的若干意见》（旧“国十条”）就明确要求“将保险教育纳入中小学课程，发挥新闻媒体的正面宣传和引导作用，普及保险知识，提高全民风险和保险意识”。2017年，由中国保监会、中国保险行业协会推出的央视宣传片《保险，让生活更美好》为保险行业发展加油助力。2021年政府工作报告14次提及“保险”这一关键词。2021年11月24日，央视网推出纪录片《大国保险》，多家主流媒体纷纷报道。

然而，在实际生活中，老百姓保险意识不强，保险知识缺乏，如对保险的功能与意义不了解，对保险合同条款看不懂，对保险需求规划不到位等。对这一系列问题进行阐述，有利于普及保险知识，提升民众保险意识，推动保险事业新发展新突破。

本书以生活中的保险作为研究对象，既有对保险相关原理的解读，也有对生活中的保险的介绍；既有保险理念的传播，又有实践运行经验的提炼。作者是具有多年保险教学经验和保险从业经验的专家。本书聚焦生活中常见的保险，以普及读物的定位进行撰写，每一讲都设置了引例，并视情况设置知识链接、案例分析、知识问答等，虚拟了安小保（孩子）、安爸爸（父亲）、安妈妈（母亲）、安爷爷（退休）、安奶奶（退休）、保博士（保险解答）等角色，不论从内容上还是形式上，都体现了较大的创新性。

本书体现生活性、适应性、实践性、悦读性四个特点：（1）生活性，本书不是专业教材，是从生活中的风险谈保险，贴近大众生活；(2) 适应性，不管是保险专业人员还是非保险专业人员，都可以阅读本书，本书也可以用作保险相关专业学生的参考用书；(3) 实践性，本书在行文中加入了保险公司常见的实践案例，避免运用太多专业的、晦涩的文字，一般读者都有能力阅读；(4) 悦读性，本书每一章节都引入具体案例，同时配以图片，读者能够轻松、愉快地阅读。

本书在编写过程中，参考了大量的保险公司内部培训资料，还参考了大量的国内外著作、教材、网站资料等，在此表示诚挚的谢意！

由于编者学识水平有限，经验不足，书中难免存在一定的不足和缺陷，敬请各位专家读者提出宝贵的意见和批评，以促进我们改进和完善。

编者

2022 年 8 月

目　录

第一讲　风险无处不在，保险是你的避风港

在日常生活中，我们常常害怕风险。但是，风险是客观存在的，人在旅途，会遇到各种各样的风险：自然灾害、意外、疾病、教育、养老、资产贬值、财富传承等。面对风险，我们需要合理选择工具进行风险转移，才能够后顾无忧。

引例

2021 年 7 月 17 日到 23 日，河南省遭遇特大暴雨，省会郑州降雨量更是世纪罕见。仅 7 月 20 日 16—17 时，郑州总降水量达 201.9 mm（气象学对暴雨的定义为 24 小时降雨量 250 mm 以上为特大暴雨），就在这 1 小时内降水量就超过了上年的 1/3，刷新了全球所有城市的小时雨量最大纪录。这场意想不到的大雨使郑州的交通系统彻底瘫痪，郑州作为中国大陆的铁路枢纽之一，20 日开始停运列车达数百车次，洪水更是持续涌入郑州地铁站，紧急疏散的乘客超过 500 人，其中有 12 人因抢救无效死亡。短短 3 天，郑州单日最大降水量 552.5 mm，总最大降水量达 728 mm，比以往任何年份的降水量都多。河南大部分地区的降水量均达到特大暴雨级别。河南省防汛救灾新闻发布会消息公布："截至 7 月 28 日 12 时，据国家自然灾害灾情管理系统统计，强降雨造成全省 150 个县（市、区）1602 个乡镇 1366.43 万人受灾，因灾遇难 73 人。全省目前紧急转移安置 84.14 万人（累计转移安置 147.08 万

人）；直接经济损失 885.34 亿元。”①

政策导读

下好先手棋　打好主动仗

——习近平总书记关于防范化解重大风险重要论述综述

党的十八大以来，面对波谲云诡的国际形势、复杂敏感的周边环境、艰巨繁重的改革发展稳定任务，以习近平同志为核心的党中央坚持底线思维，增强忧患意识，提高防控能力，着力防范化解重大风险，保持了经济持续健康发展和社会大局稳定。习近平总书记围绕防范化解重大风险发表的一系列重要论述，立意高远，内涵丰富，思想深刻，对于我们切实做好防范化解重大风险各项工作，战胜前进道路上各种艰难险阻，全面建设社会主义现代化国家，实现第二个百年奋斗目标，实现中华民族伟大复兴的中国梦，具有十分重要的意义。

2020 年 10 月 26 日，习近平总书记就《中共中央关于制定国民经济和社会发展第十四个五年规划和二〇三五年远景目标的建议》起草的有关情况向党的十九届五中全会作说明时指出：“当前和今后一个时期是我国各类矛盾和风险易发期，各种可以预见和难以预见的风险因素明显增多。我们必须坚持统筹发展和安全，增强机遇意识和风险意识，树立底线思维，把困难估计得更充分一些，把风险思考得更深入一些，注重堵漏洞、强弱项，下好先手棋、打好主动仗，有效防范化解各类风险挑战，确保社会主义现代化事业顺利推进。”“人生天地间，长路有险夷。”面对前所未有的风险挑战，只要我们保持战略定力，坚定必胜信心，切实做好防范化解重大风险各项工作，就一定能在乱云飞渡中把牢

① 河南省人民政府门户网站. 直接经济损失 885.34 亿元 河南通报防汛救灾最新进展情况［EB/OL］.（2021-07-28）［2022-03-02］.https：//www. henan. gov.cn/2021/07-28/2191694. html.

正确方向，在风险挑战面前砥砺胆识，把新时代中国特色社会主义伟大事业不断推向前进！”①

风险治理，高瞻远瞩，运筹帷幄，作出科学部署。党的十八大以来，习近平总书记先后作出一系列重要论述，深刻阐述了关于风险治理的方向性、原则性、根本性、战略性问题，提出了一系列新思想、新观点、新论断、新措施、新办法、新要求，极大深化和丰富了我们党对风险治理的规律性认识。习近平总书记关于风险治理的重要论述，是习近平新时代中国特色社会主义思想的重要组成部分，高屋建瓴、内涵丰富、思想深刻、指导性强，具有重大理论价值和实践意义，为全党做好新时代风险治理工作指明了方向路径、提供了根本遵循。②

风险是客观存在的，国家、企业、个人都有遇到风险的可能性，我们只有提前识别风险、预测风险，才能更有效地防范风险。习近平总书记对防范和化解风险作了重要指示，我们更应该立足当前，学习风险管理知识，掌握风险管理工具。保险是风险转移的重要手段，没有风险就没有保险。

---

① 习近平总书记关于防范化解重大风险重要论述综述［EB/OL］.(2021-04-15)［2021-08-06］. https：//www. ccps. gov. cn/xtt/202104/t20210415 _ 148368. shtml.

② 习近平总书记关于风险治理的重要论述及其重要意义［EB/OL］.(2019-10-29)［2021-05-18］.http：//www. china. com. cn/opinion/theory/2019-10/29/content _ 75351879. htm.

一、生活中的风险

（一）什么是生活中的风险

每年全球约有125万人死于交通事故，因交通事故所造成的经济损失达数千亿美元。我们对死伤人员感到痛心的同时，也感受到了风险的难料与无情。那么，人们应该如何认识风险？如何对风险进行有效的应对，减少其可能给人类造成的威胁和损失呢？

应对风险，首先要明白什么是风险。风险的定义可以这样概括：风险是损失的不确定性。风险可能发生，也可能不发生，这是指风险的不确定性。另外，风险发生了还会给我们带来损失，这就是损失的不确定性，火灾、爆炸、雷击、狂风、暴雨等，都属于风险。生活中的风险是指生活中遇到的各种不确定的损失，如自然灾害、意外、疾病、教育、养老、资产贬值、财富传承等。生活中的保险是生活中可保的各类风险，这里的保险主要指在生活中常见的商业保险范畴。

生活中的风险由三要素构成：风险因素、风险事故、损失。比如在火灾这一风险事故中，导致火灾发生的因素就是风险因素。风险因素是指增加或引起风险事故发生的机会，或扩大损失幅度的原因和条件。它或者增加了风险发生的概率，或者扩大了风险造成的损失。风险因素可以分为有形风险因素和无形风险因素：跟物有关的因素称为有形风险因素，跟人有关的因素称为无形风险因素（也称为人为风险因素）。比如有人在堆满烟花爆竹的仓库内吸烟，可能会发生火灾这个风险事故，仓库内堆放易燃易爆炸品就是有形风险因素，在仓库内抽烟就是人为风险因素。其中无形风险因素又分为道德风险因素和心理风险因素。

很简单，如果是有意造成的，就是道德风险因素，比如故意纵火，就是道德风险因素；如果是疏忽大意造成的，就是心理风险因素，比如刚刚讲到的在仓库里抽烟引起火灾，抽烟的人主观上并不希望火灾发生，而是忽视了安全守则因疏忽大意造成，就是心理风险因素。误吞牙签属于什么风险因素？答案应该是心理风险因素，因为是人的疏忽大意所造成的。

风险三要素之间的关系是怎样的呢？风险因素增加或者产生风险事故，风险事故造成损失。

（二）生活中的风险分类

生活中风险的种类是非常多的，常见的有以下几种分类方法。

按照风险发生的性质，可以分为纯粹风险和投机风险。纯粹风险指的是只会带来损失后果而无获利可能的风险，比如火灾、地震、抢劫。这种风险的发生有两种结果：一是损失，二是无损失。投机风险是指既有可能带来损失，也有可能带来盈利的风险，比如炒股、赌博、开发新产品等。这种风险产生的后果有三种：一是损失，二是无损失，三是盈利。

根据风险损害的对象，可以分为财产风险、人身风险、责任风险、信用风险。财产风险，比如火灾、爆炸，都可能引起财产损毁；人身风险，比如疾病、意外、死亡等，是以人的身体和寿命为对象；责任风险，比如说张三家的狗把李四咬了，作为狗主人的张三可能要承担对李四的经济赔偿责任，这个经济赔偿责任就是责任风险；信用风险，比如张三借了一笔钱给李四，但后来李四不还钱，像这种由于义务人李四的不作为，造成权利人张三的损失的风险，就称为信用风险。

我们都知道，保险是风险处理的传统有效的措施，那是不是所有风险都可以交给保险公司承保呢？答案是否定的。按照保险公司是否可以承保，风险可分为可保风险和不可保风险。所谓可保风险，就是可以被保险公司接受的风险，或者说可以向保险公司转移的风险。可保风险是有条件的。

（1）可保风险只能是纯粹风险，即我们前面讲的只有损失机会，而无获利可能的风险。纯粹风险和投机风险不同，投机风险既有损失的可能，又有获利的机会。比如股市风险，投资股票既可能因所买股票价格上涨而获利，也可能因价格下跌而受损，像这样的投机风险，保险公司是不会承保的。

（2）风险要具有不确定性。风险是客观存在，对个体来说具有偶然性，例如对某个人或某个企业。偶然性又有两层意思：一是发生的可能性，不可能发生的风险当然是不存在的！二是发生的不确定性，即发生的时间、地点、对象、原因和造成的损失等，都是不确定的。如果是确定的风险，那么就是必然要发生的风险。保险公司是不会承保对个体标的来说必然会发生的风险的，比如张三已被医院确诊癌症，那他就不能向保险公司投保重大疾病医疗保险，保险公司也不会承保。因为在可预见的时间内，张三必然发生重大疾病医疗费用支出。

（3）风险要有发生重大损失的可能性。风险的发生会导致重大或比较重大的损失，因而会有对保险的需求。如果导致损失的可能性只局限于轻微损失的范围，就不需要通过保险来获取保障，因为这在经济上是不合算的。

（4）风险必须是大量标的都有遭受损失的可能性，且大部分标的不能同时遭受损失。这项条件可能有点费解，是因为要满足保险经营的大数法则要求。什么意思呢？就是某一风险必须是大量标的都有遭受损失的可能性（不确定性），但实际遭受损失的标的最后只有少数（确定性），就像火灾对于建筑物。因为只有这样的风险，才能计算出合理的保险费率，投保人才能以合理的保费投保，保险公司也才能建立起相应的赔付基金，保险的“我为人人，人人为我”的宗旨才能有效实现，从而分摊损失。如果某类风险只是一个或者几个标的所具有，就失去了保险的大数法则基础，那保险公司承保此类风险就等于是在下赌注，进行投机了！

（5）保险公司承保的必须是面临同一风险的大量标的，但这些标的不能同时发生损失，如果同时发生损失，则金额过大，是保险公司的赔付基金无法弥补的。

（6）风险还必须具有可测性。保险公司要经营下去，就必须能准确预测出风险发生的概率并预估损失程度。如果某项风险没有可测性，不能预测其发生的概率，或者无法准确衡量其损失，保险公司就没办法准确计算出费率，从而无法经营。

那么，常见的不可保风险又有哪些呢？

像炒股、赌博、战争、地震、核辐射、核爆炸、被保险人的故意行为、标的的折旧和自然损耗、精神损失等，这些都是常见的不可保风险。如炒股和赌博不可保，是因为这些是投机风险；战争、地震、核辐射、核爆炸等不可保，是因为这些风险一旦发生，会导致大量标的同时受损；被保险人的故意行为不可保，是因为这种行为不具备偶然性；标的的折旧和自然损耗不可保，是因为这是必然发生的确定性事件；精神损失不可保，是因为精神损失的大小无法准确衡量。

（三）如何应对生活中的风险

俗话说“天有不测风云，人有旦夕祸福”，在人的一生中，从小到老，各种各样的风险是无处不在的，正如自然规律一样，风险是客观存在的，它不以个人的主观意志为转移。

作为普通人，尽管我们的社会影响力可能有限，但我们都是家庭的重要成员，肩上承载着巨大的责任。所以，我们必须提前做好应对风险的准备，未雨绸缪，避免风险降临时整个家庭陷入困境。我们努力赚钱、攒钱，除了生活必需，给家人一个安逸舒适的生活环境外，最担心的也就是自身的风险问题了。正所谓“辛辛苦苦几十年，一病回到解放前”，这是我们共同的担忧！

那么，我们应该如何应对风险，保护好自己和家人的健康、财富和幸福呢？

人类一直在不断探索应对风险的方法，研究如何管理和控制风险。1952 年，美国学者格拉尔（Russell B. Gallagher）在其研究报告《费用控制的新时期——风险管理》中，开创性地提出“风险管理”一词。风险管理的概念从此开始为学术和商业各界接受，并不断传播。

什么是风险管理呢？风险管理是单位或个人用来降低风险损失的决策过程，是人们主动对风险进行识别、管控以及处理的过程，具体包括风险识别、风险评估、风险规划以及选择与优化组合各种风险管理技术后的风险控制等（如图 1-1 所示）。我们要探索风险产生和发展的规律，预测风险对社会活动可能造成的经济损失，找出行之有效的方法，按计划处理风险，争取实现成本最小化、安全保障最大化。

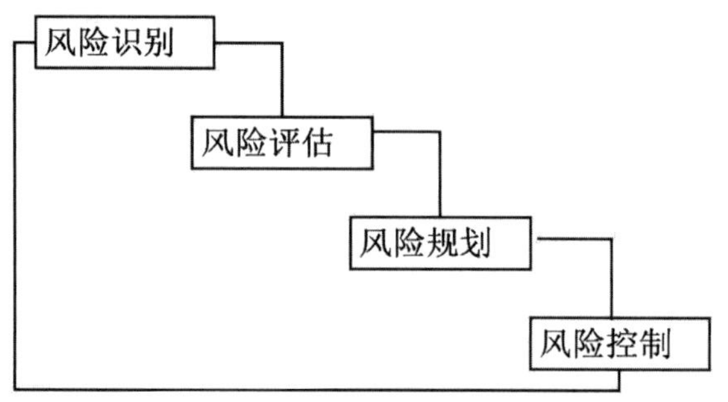

图 1-1　风险管理的四个过程

风险管理是一门新兴的管理学，主要包括管理和决策这两个方面。站在管理学的角度看，风险管理首先被定义为计划、组织、指挥和协调企业组织的有关活动的管理过程，且尽量在成本最小化的基础上把风险造成的损失降低到最低水平。

简单地说，风险管理其实是一个通俗易懂的大众话题，因为不论是个人还是企业，都在时刻管理着自己眼前的、隐藏的大大小小的风险。

例如出门旅游，身上要准备一点现金，就是为了应对可能在半路发生的意外，这就是一种简单朴素的风险管理。

那么风险管理的目标是什么呢？风险管理的目标是以最小的成本获得最大的安全保障。具体可分为损失前目标和损失后目标。前者是指降低和消除风险发生的可能性，为人们提供较安全的生产、生活环境；后者是指在损失出现后及时采取措施以使灾害造成的损失程度降到最低，使受损企业的生产得以迅速恢复，或使受损家园得以迅速重建。

风险无处不在，我们该如何用风险管理来应对呢？

应对风险有两个思路：一是改变风险本身，二是改变风险带来的后果。

1. 改变风险本身

改变风险本身的方法称为控制法，或者是在事故发生前降低风险发生的概率，或者是在事故发生时减少风险造成的损失程度。比如家里养狗、外出锁门，就是降低盗窃风险发生的概率；骑摩托车戴上头盔，可以使得在车祸发生时，减轻身体所受伤害。控制法主要包括下列几种：

（1）回避。就是尽量回避损失，不要让它发生，主动舍弃或改变某种行动，从根本上消除或减轻特定的风险事故可能造成的损失。这是一种最常见、最简单的方法，它可以避免特定风险的发生，但缺点是过于消极。风险是避免了，但往往也没有了收益。另外，采取回避法有时在经济上也不划算，或者避免了某一种风险却产生新的风险。

（2）预防。预防就是在风险事故发生前，采取一些措施来消除或减少可能引起损失的各种因素，从而降低损失发生的概率。这是事前的措施，即“防患于未然”。如定期体检，虽不能消除癌症的风险，但可得到医生的劝告或及早防治，因而可以降低罹患癌症的概率或减轻其严重程度。

（3）抑制。抑制是指在损失发生时或损失发生后为降低损失程度而采取的各项措施，它是应对风险的有效方法。如安装自动喷淋设备以抑制火灾事故等。

2. 改变风险带来的后果

改变风险带来的后果即财务法，就是不去改变风险，而是通过恰当的财务安排来降低风险成本。比如自留风险，就是在事故发生后，通过建立安全基金、分摊成本等方式来自行承担。主要包括以下方法：

（1）自留风险。自留风险就是自我承担风险，是个人或单位自我承受风险损失的方法。自留风险是一种非常重要的财务法，分为主动自留和被动自留。通常在风险导致损失概率和程度低以及最大损失不影响财务稳定时采用这种方法。自留风险的成本低、方便有效，可减少潜在损失，节省费用。但自留风险有时会因损失过大，自我承受能力不足，导致财务困难。

（2）转移风险。转移风险是指一些单位或个人不想承担损失，而将损失转移给另一些单位或个人去承担的方法。比如担保，将风险转移给担保人；委托保管，将风险转移给保管人。

保险，也是非常典型的一种转移风险的方法。投保人通过预先缴纳保费的方式，当风险造成标的损毁时，可从保险人那里得到补偿，这样风险就通过保险转移给保险公司了。

风险管理的措施还有很多，而在所有的风险管理措施中，保险具有独一无二的优点，是应对风险最有效的方法之一。

二、没有风险就没有保险

我们前面讲过，风险就是损失的不确定性。风险具有时间不确定、发生的地点不确定、事故发生后造成的损失不确定等特点。

保险，是风险事故发生后对事故造成的损失给予经济补偿的金融工具。比如车辆发生碰撞，造成车辆损失，保险公司负责补偿修车费用；

投保人发生疾病，保险公司负责疾病医疗费用给付。

图 1-2　车辆碰撞，找保险

风险客观存在，但是，风险过后，可以用保险来补偿其造成的经济损失。但也并不是每种风险都需要用保险来补偿，一些小的风险损失，我们是可以自留的，比如小感冒，去药店买感冒药就可以搞定，不是很严重就不用去医院，不用走医保，更不用走商业保险。

我们知道有这样一句话："没有风险就没有保险。"这是为什么呢？风险和保险之间的关系又是怎样的呢？

（一）风险是保险产生和存在的前提

风险是在一个特定环境下，在一个特定时间段内，某种损失发生的可能性。

保险是双方签订合同从而确定双方的经济关系和权利关系，保险公司用投保人缴纳的保险费来成立专门的保险基金，对保险合同规定条款里的灾害事故所造成的损失，进行经济补偿的一种经济形式。

从上述我们可以看出，风险的发生深刻影响着社会的生产运转以及家庭的生活保障，因此人们对风险造成的经济损失就产生了补偿的需求，保险作为一种风险管理和经济补偿的工具也就应运而生了。

风险是促使保险产生和推动保险发展的前提和动力，风险和保险一体两面，如果这个世界没有风险的话，那么也就不需要保险，保险也就不会存在了！风险就是汽车轮胎可能会坏，保险就是汽车备胎。正是由于风险的存在，才会有保险的产生。所以说，没有风险就没有保险。

（二）新风险推动保险新发展

社会发展，瞬息万变，在各种各样的天灾人祸面前，人类齐心协力，集思广益，谱写了一曲曲壮丽的生命乐章。随着社会的进步、生产力的提高与科技的发展和运用，人类在创造和发展科学技术的同时，也带来了新的风险。如原子弹和核技术的发展会带来核污染及核爆炸等风险，机动车的普及会带来交通风险等。新风险对保险产生了新要求，促使保险业不断根据风险的变化设计新险种、开发新业务，最终使保险获得持续发展，不断变化。

中国保险市场发展现状

保险市场是经济体系的重要组成部分，是金融市场的重要分支，保险业不仅可以为企业提供服务和保障，也可以为个人提供保障性服务，如车险、寿险等。可见保险市场为经济发展、民生政策提供了保障性服务，为国家经济发展提供了必要条件。人们在收入水平提高的同时，保险意识也在逐步增强，城市居民对保险的购买也在逐年递增，保险消费逐步成为现代消费的重要组成部分。

中国保险业起步较晚，仍然存在一些问题，如保险业人才流动性过大，缺乏高级管理人才，某些保险公司诚信缺失等。近年来，随着我国经济快速发展和政府的大力支持，中国保险业呈现不断完善的发展趋势。保险业是社会稳定器和经济助推器，大力发展保险业，可以进一步完善社会保障体系，维护稳定社会安全，及时解决实际民生问题。目前，中国正处于经济社会深入改革和全面发展的重要阶段，研究和分析保险业的发展现状及存在的难题是极为重要的。要找到中国保险业薄弱的环节，采用先进的管理经验优化和完善中国保险行业，使中国保险行业尽快实现全球化国际化发展。①

据银保监会数据显示，截至 2021 年第二季度末，我国保险公司总资产 24 万亿元，较年初增长 7.4%。其中，财产保险公司总资产 2.5 万亿元，较年初增长 8.5%；人身保险公司总资产 20.4 万亿元，较年初增长 7.1%；再保险公司总资产 6088 亿元，较年初增长 22.8%；保险资产管理公司总资产 965 亿元，较年初增长 26.9%。

（三）保险是处理风险的有效方法

前面我们已经明白风险是保险存在的前提，没有风险就没有保险，保险是处理风险的诸多方法之一。与其他风险处理方法相比，保险有以下这些优点：

图 1-3　关键时刻保险来帮你

首先，保险可以补偿风险事故造成的经济损失。风险的可怕之处就在于其具有不确定性，是不以人的主观意志而转移的客观存在。事故造成的财产和人身损失，经常会使人们的生活陷入困境。

① 参见：NEPEYVODAE. 中国保险市场发展经验及对俄罗斯的借鉴研究［D］. 上海：上海外国语大学，2019.

保险之所以比其他处理风险的方法更有效，就在于它能提供一定的资金，分担事故所带来的经济负担，弥补事故造成的经济损失，防止当事人陷入绝境。

其次，保险可以处理重大风险。随着社会的不断发展，各种各样的重大风险层出不穷，无处不在，仅依赖自己、单位或亲朋好友的力量难以承担，所以必须通过其他方法来有效减少损失。而保险公司在经营的过程中能够依据聚集起来的资金建立起赔付基金，赔付各种风险事故造成的经济损失，第一时间给予补偿，使事故人承担最少的经济损失。

最后，保险以小博大。投保人买保险需要付保险费。保险费的设计是根据风险发生的频率和造成的损失额度，以科学的方法，由精算师细心严谨地计算出来的。被保险人只要缴纳少许的保险费，就能得到更为巨大的资金保障，杠杆效应十分明显，是非常经济合算的。

有了保险，不会因一次事故消耗你积累的财富；

有了保险，不会让一次疾病夺走你努力的成果；

有了保险，不会因一次意外毁掉你家庭的幸福；

有了保险，不会在自己风烛残年、年老体衰时没钱养老；

有了保险，不会让自己拖累年老的父母、娇弱的妻子、幼小的孩子……

保险，是处理风险的最有效方法之一！

三、生活中常见的保险

“天有不测风云，人有旦夕祸福。”从原始社会到现代文明社会，人类一直饱受各种自然灾害、意外事故的伤害。为了应对风险，幸福生活，人类发明了保险。

图 1-4　我们对生活的美好需求

在 21 世纪的今天，充分了解并运用保险，让自己和家人能安居乐业，应对风险给生活带来的不稳定性，是至关重要的。那么，我们生活中有哪些常见的保险呢？

（一）“保人”的保险

人身保险，就是以人的寿命和身体为保险标的，以生存、死亡、疾病或残疾为保险事故的一种保险。根据保障范围的不同，人身保险可以划分为人身意外伤害保险、医疗保险、重疾保险、人寿保险等。

1. 人身意外伤害保险

人身意外伤害保险是指以被保险人因遭受意外造成死亡、残废为给付保险金条件的人身保险。人身意外伤害是指在被保险人没有预见到或违背被保险人意愿的情况下，突然发生的外来致害物对被保险人的身体明显、剧烈地侵害的客观事实。所以，被保险人必须有因客观事故造成死亡或残疾的结果，且事故原因必须是意外、偶然、不可预见的，被保险人遭受伤害是意外事故的后果，如车祸、落水、触电、食物中毒、摔伤骨折、猫抓狗咬等。

人身意外伤害保险的保险期限较短，一般上限为一年，有的甚至只有几天或几个小时，比如航空人身意外伤害保险的承保期限仅为一个航程。人身意外伤害保险必须以意外伤害为近因，且给付金额是根据伤残程度确定的。在意外保险事故发生时，死亡保险金按约定的保险金额给付，残疾保险金按保险金额的一定百分比给付。保险金额采用定额给付方式，由保险人和投保人共同协商确定。

不管是儿童还是大人，不管收入是高是低，意外险都是必备的。意外无处不在，我们不知道明天会发生什么，最大的风险就是以为没有风险。意外险杠杆高，保费低廉，一两百元就能搞定，而且容易购买，性价比极高。意外险应该是我们人生中的第一张保单，您觉得呢？

2. 医疗保险

医疗保险是指以保险合同约定的医疗行为的发生为给付保险金的条件，为被保险人接受治疗期间的医疗费用支出提供保障的保险，可以补偿被保险人因疾病、生育或意外伤害发生后其治疗时所支出的医疗费用。医疗保险所承保的医疗费用一般包括手术费、药费、诊疗费、护理费、各种检查费、住院费用以及医院杂费等。各种不同的医疗保险所保障的费用一般是其中的一项或若干项医疗费用的组合。医疗保险按照保障范围，可以分为普通医疗保险、住院医疗保险、手术医疗保险、综合医疗保险。

医疗保险可以减轻医疗费用负担，防止“辛辛苦苦几十年，一病回到解放前”。

3. 重疾保险

重疾保险是指以保险合同约定的疾病的发生为给付保险金条件的保险。重疾保险并不考虑被保险人的实际医疗费用支出，而是依照保险合同约定给付保险金，主要是防大病。买了重疾保险，当被保险人在保险合同有限期间内罹患合同所指定的重大疾病，如癌症、急性心肌梗死等大病，达到理赔条件时，重疾保险可以直接赔付一笔钱，用于疾病治疗、术后康复、弥补疾病导致的收入损失等。

众所周知，每个人一生几乎都会得病，且年龄越大，得重疾的可能性就越大，因而年龄越大，保费就越高。既然如此，我们为什么不提前给自己和家人准备好重疾保险呢？

4. 人寿保险

人寿保险是指以被保险人的寿命为保险标的，以被保险人在保险期限内死亡或生存到保险期满为保险标的的人身保险。人寿保险所承保的风险可以是生存也可以是死亡，也可同时承保生存和死亡，即对人的生命进行保障。如果被保险人身故，保险公司直接赔付保额。

寿险可以说是“既保生又保死”，购买人寿保险时，买的是家人的幸福、生活的保障，是为明日的生活做准备，没有任何事情比死亡更捉摸不定的了，有了寿险更稳定可靠！

（二）“保物”的保险

常见的财产险，和我们普通人密切相关的，主要有车险和家财险。

1. 车险

车险，即机动车辆保险，是指对机动车辆由于自然灾害或意外事故所造成的人身伤亡或财产损失负赔偿责任的一种财产险。它伴随着汽车的出现和普及而不断发展成熟。通过机动车辆保险，拥有机动车辆的企业、家庭和个人所面临的种种风险及其损失得以在全社会内分散与转嫁，体现了保险“集合危险，分散损失”的原理。机动车辆保险一般包括基本险和附加险两部分。基本险分为车辆损失保险和第三者责任保险。例如买了一辆车，除了国家要求必须购买的交强险之外，通常还会

图 1-5 车险

购买车损险等车险。如果自己的爱车受损，修车费就可以由保险公司买单。

2. 家财险

家财险，即家庭财产保险，是以居民的家庭财产为保险对象的财产险。其保险标的是坐落在保单上所写地址的自有居住房屋，室内装修、装饰及附属设施，以及室内家庭财产。也就是说，家财险主要保障的就是我们的房屋和室内财产等。由于家庭财产基本上无账目可查，而且财产的品种、质量、新旧程度不一，不好确定财产价值，所以保险金额由被保险人根据其财产的实际价值自行估价确定。

家财险可以给我们家庭所受的财产损失提供及时的经济补偿，在发生火灾、台风、洪水、暴雨等天灾人祸后也可以让我们安居乐业，幸福生活，是保障社会稳定的利器！

图 1-6　家财险

（三）“保钱”的保险

创新型人寿保险，又称为投资理财险，是保险公司为适应新的保险需求而开发的一系列新型的保险产品。投资理财险和传统寿险的不同之处在于，除了可与传统寿险一样给予生命保障外，它还具有投资功能，在保费缴纳方式、保单的现金价值或保险金额等方面是可以单独或共同变动的，具有“保钱”的作用。常见的投资理财险包括分红险、万能险、投连险。

1. 分红险

分红险是保险公司把上年该分红险的可分配盈余，按一定比例分配给客户的保险产品，具体分红多少，看该分红险过去一年的经营利润水平。

2. 万能险

万能险是由保险公司的理财团队来打理保费，获取一定额度的收益，然后分给投保人的保险产品。

图 1-7　万能险

3. 投连险

投连险是保险与投资挂钩的一种险种，它同时有着保险和投资两个功能，但是客户在享受收益的同时也承担着遭受损失的风险，所以投连险适合有着高风险承受能力的风险偏好型客户。

(四)“公民”的保险

我们前面讲的这几类保险，都属于商业保险，简称商保。商保的保障内容和保费可根据需要自行搭配，自愿和自行购买。我们接下来要讲的是“公民”的保险，即社会保险，简称社保。社保是国家给予全体人民的福利，是由政府通过立法强制性缴纳建立的社会保险基金，能满足人们生活的基本保障需求。社会保险与商业保险的区别可详见表 1-1。

表 1-1　社会保险与商业保险的区别

比较范围	社会保险	商业保险
经营主体	政府职能部门及委托机构	保险公司
经营目的	为人民提供基本生活保障，以国家财政为后盾	独立核算、自主经营、自负盈亏
实施方式	强制性	非强制性，依照平等自愿原则
缴费主体	国家、企业、个人共同承担	投保人
保障范围	由国家事先规定。保障范围较窄、程度较低，一般只能保证基本的生活费用和医疗费用	由投保、承保双方协商确定，可以满足消费者生存、发展、保障、投资等多层次需求

看完了社保和商保的区别后，我们再来详细学习一下社保。社保主要包括医疗保险、失业保险、养老保险、生育保险、工伤保险等，就是我们经常讲的“五险一金”中的“五险”（2020 年 4 月起生育保险已并入医疗保险），目的是让人们即使没有收入，也能得到一定的经济补偿，保障基本生活品质，有助于社会稳定、国家繁荣昌盛、人民幸福生活。

1. 医疗保险

医疗保险，即由政府通过立法强制执行，用人单位和员工各按一定比例缴纳保费，成立一个用来支付员工医疗费的医保基金，以减轻员工因疾病和医疗费带来的经济风险。医疗保险是社保中最重要的险种之一！

2. 失业保险

失业保险，是由雇主和个人缴费及国家财政补贴一起筹钱成立失业保险基金，给因失业导致暂时中断生活来源的公民提供一定的经济补助以保障其基本生活，促进其早日就业的制度。

图 1-8　失业保险

3. 养老保险

养老保险，是在我们年老退休或者失去劳动能力后，根据在工作单位时的具体情况来享受定期或一次性获得的经济补助的社保待遇，可以充分保障我们退休后的基本生活，让我们老有所养。

图 1-9　养老保险

4. 生育保险

生育保险，是在我们因生育子女而不得不停止工作时，政府给予一定经济补助的社保制度。生育保险的保费由雇主单位按规定缴纳，劳动者不用缴纳。要注意的是，男职员也要参加生育保险。

图 1-10　生育保险

5. 工伤保险

工伤保险，又叫职业伤害保险，是指如果我们在工作中遭到事故伤害或者因职业病而失去了劳动能力甚至死亡，政府提供经济补偿的社保制度。工伤不管责任是单位还是个人的，都可以受到保障，让我们能安心工作。

图 1-11　工伤保险

有了社会保险，为什么还要买商业保险？

商业保险和社会保险，这两者虽然都是保险，但本质是完全不同的。首先，社保的报销比例低，免赔额也略高。如社会保险中的医保，报销费用时，其最显著的特点是医院级别越高，报销比例越低。买了商业保险之后，一旦出险，能够得到的赔付金额是由保险合同约定的，几乎没有对于免赔额和报销比例的限制。

其次，社保限制用药种类，对于进口药等贵重药品很多是不予报销的。而商业医疗保险限制比较少。

再者，社会保险只能自己先掏钱治疗再报销，而商业保险有提前给付的重疾保险，只要确诊就能得到赔偿。

最后，社会保险和商业保险最大的区别还是保费问题。商业保险的保障高出社会保险，但伴随而来的是其保费也相对较高，要根据个人的缴费能力选择商业保险。

在社会保险中，无论是养老保险还是医疗保险，前面都有一个限定词，叫“基本”，它提供的都是最基本的保障：提供养老保险的目的是保障职工退休后的基本生活，解决的是生存问题；基本医疗保险中，部分费用还是需要自己支付的。总体上看，社会保险提供的是最基本的保障，目的是维护社会正常生产生活。如果我们希望通过社会保险，使得我们无论在年老还是在大病时保持一贯的生活水平，是不现实的。社会保险是国家的一种福利，决定了社会保险的不足，需由商业保险去补充。

社保一般没有生命保额。若因疾病身故，社保不可能像商业保险那样赔付数十万给被保险人，而只给付抚恤金。比如某人在银行工作了10年后离职，按规定要缴15年社保后才可领养老金，于是他就自己缴余下的5年，但是刚缴了4年就不幸因故离世，结果社保只赔付了几千元抚恤金。

社保没有豁免保费的功能。比如，投保人在保险公司购买重疾保险，若投保人发生重大疾病（包括因意外导致）时，那么余下的未缴保费哪怕每年数万元，都不用缴了，合同仍然有效，而社保还是要缴的。

社保没有投资功能。作为社会福利，国家不可能代投保人用缴社保的钱去进行投资；而商业保险公司可以用客户的保费进行投资，客户可以得到保险公司红利分红。

养老仅靠社保是不够的。很多国家的社保也只解决老年30%～40%的费用。社保是国家的福利，决定了它只是保障被保人在老年有饭吃，而商业养老保险是社会养老保险的重要补充。

案例分析 1-1

突发大火百人遇难

【基本案情】2013年6月3日，吉林省德惠市某公司发生火灾，截至6月5日，此次火灾共造成123人遇难（包括救火人员），另有70余名受伤员工被送往医院救治。据报道，此次突如其来的大火，在公司分割加工产品车间发生燃烧，随后迅速蔓延，过火面积达2000余平方米，伤亡不可谓不惨重。120多条鲜活的生命，顷刻间灰飞烟灭，令人扼腕叹息。

【典型意义】生活中的意外是我们无法预料的，沉重的意外、美丽的意外、悲痛的意外、可笑的意外……它们与生活并存。意外往往让人损失惨重，它是潜伏在我们周围的不定时炸弹。风险是什么？它是幸福的毁灭者。从上面的案例可以看出，风险无处不在，为防万一我们只有全副武装，才能在生活的战场上所向披靡。像这样的案例太多太多，保险就是我们避免因各种风险致贫的必备宝物。

案例分析 1-2

“自甘风险”规则——刘某与范某身体权纠纷案

【基本案情】2019 年 8 月 15 日，刘某与范某在公司组织的文艺晚会集训间隙，相约进行掰手腕比赛，在第三次掰手腕过程中，刘某不慎肱骨骨折。随后，刘某被范某等人送至江西中医药大学附属医院住院治疗，于 2019 年 8 月 15 日—26 日在该医院住院 11 天，其间花费医疗费共计 49532.54 元，其中范某垫付了 5289.8 元。经司法鉴定，刘某的后续治疗费为 15000 元，刘某为此花费鉴定费 2000 元。刘某找范某索赔未果，遂将范某起诉至法院，请求范某赔偿医疗费、后续治疗费及护理费等各项费用共计 180000 余元。范某则提起反诉，请求刘某返还其垫付的医疗费 5289.8 元。

【裁判结果】南昌市西湖区人民法院判决范某承担 50%的责任，刘某自担 50%的责任。范某对一审判决不服，上诉至南昌市中级人民法院。南昌市中级人民法院认定，掰手腕活动作为一种激烈性、对抗性和风险性的娱乐活动，在过程中双方力量悬殊属正常现象，范某在活动中不存在故意或者重大过失，且在事故发生后，主动将刘某送至医院治疗，并垫付了急救和住院费用 5289.8 元，很好地履行了道德救助义务。而刘某作为完全民事行为能力人，应当预见掰手腕活动的潜在风险，但仍选择参加掰手腕活动，应视为“自甘风险”行为，所产生的损害后果应由其自行承担。因此，南昌市中级人民法院撤销一审判决，并判决刘某返还范某垫付的医疗费 5289.8 元，驳回刘某的全部诉讼请求。

【典型意义】《中华人民共和国民法典》（简称《民法典》）第 1176 条明确了民事主体自愿参加具有一定风险的文体活动，因其他参加者的行为受到损害的法律责任。本案准确适用了该条规定的“自甘风险”规则，判决参与人自行承担责任，让无过错方不为参与人买单，充分体现了《民法典》的公平原则。同时打消了民事主体参与文体活动时责任如何承担的疑虑，引导民事主体理性积极地参加文体活动，提高文体活动的质量和效率。本案在尊重案件基本事实的前提下，充分说理，准确适用“自甘风险”规则，契合了公平公正的法律本质，弘扬了道德救助的传统美德，彰显了司法对社会行为的积极引领作用。

知识问答

人物：安小保（孩子）、安爸爸（父亲）、安妈妈（母亲）、安爷爷（退休人员）、安奶奶（退休人员）、保博士（保险解答员）。

安小保：保博士，案例中刘某的行为最终被法院认定是“自甘风险”行为，那什么是法律意义上的“自甘风险”行为？达到什么条件才能构成“自甘风险”呢？

保博士：小保问得很不错哦！“自甘风险”主要具有以下构成要件：

（1）组织者组织的文体活动具有一定的风险。这里规定的“一定的风险”应当仅指超出日常的特殊风险，并且此种风险应当是该文体活动本身就固有的，文体活动自身未具有的风险不应当包括在“一定的风险”范围之内。由于《民法典》将“自甘风险”的适用范围限定在“文体活动”领域，虽然条文字面未列示“体育比赛等”，但“一定风险的文体活动”应限于体育比赛及其他与之相似的文化体育活动。

（2）受害人对该危险有意识，但是自愿参加。这表明受害人对此种风险可能带来的后果在做出行为之前是有预期和认识的，并且这种“有意识”仅能表明受害人对此种风险的发生有过错，不等于受害人故意。因为一般来说，在自甘冒险的情况下，受害者并不追求损害结果的发生，他仅是意识到损害发生的可能性，甚至受害人并不知道危险造成损害的概率、特定的损害后果，或者虽然意识到危险存在但并不希望损害后果产生，或者客观上认为该危险可以避免或者消除，并且受害人对损害的发生通常持有排斥态度。

（3）受害人参加此种活动所遭到的损害是因其他参加者的行为造成的。这表明受害人所遭到的损害与参加活动的其他参与者的行为之间有因果关系，即此处“其他参与者的行为”只能是该种行为能够构成文体活动内在风险的情形。

（4）组织者及活动的其他参加者不是因故意或重大过失使受害人遭到损害的。这表明在“故意或重大过失”的情况下已经超出受害人对该文体活动风险性的认识，并且此时造成受害人损害的原因已经不完全是受害人所自愿承担的风险，因此，对于超出受害人自愿承担风险之外的原因所造成的损害，行为人应当承担责任。

安爷爷： 保博士，案例中刘某与范某是在公司组织的文艺晚会集训间隙，相约进行掰手腕比赛，如果刘某不仅起诉范某，而且同时起诉公司，要求公司承担连带责任，那么法院是否支持呢？

保博士： 公司是否承担责任，关键要看公司是否尽到了安全保障和合理管理的义务。具体要根据《民法典》第 1176 条第 2 款“活动组织者的责任适用本法第一千一百九十八条至第一千二百零一条的规定”来分析判断。

安爸爸： 保博士，什么样的风险才是可以承保的人身风险？什么样的风险是不可以承保的人身风险？我们生活中会遇到什么样的风险？

保博士： 你提的问题很专业。可保的人身风险须具备以下条件：风险不是投机的而是纯粹风险；风险必须是偶然的（具有可能性和不确定性）；风险必须是大量标的均有遭受损失的可能性；风险应有发生重大损失的可能性；同质风险；风险不能使大多数的保险对象同时遭受损失。

不可承保的人身风险：被保险人自致伤害或自杀，但被保险人自杀时为无民事行为能力人的除外；因被保险人挑衅或故意行为而导致的打斗、被袭击或被谋杀；被保险人妊娠、流产、分娩、疾病、药物过敏、中暑、猝死；被保险人接受整容手术及其他内外科手术；被保险人未遵医嘱，私自服用、涂用、注射药物；核爆炸、核辐射或核污染；恐怖袭击；被保险人犯罪或拒捕等。

我们生活中会遇到的风险有身故风险、残疾风险、疾病风险等。

安奶奶：保博士，生活中存在没有风险的保险吗？风险可以被我们的主观意志改变吗？

保博士：没有风险就没有保险，风险是促使保险产生和推动保险发展的前提和动力，所以不存在没有风险的保险。

风险是无处不在的，存在于人们生活中的方方面面；风险是一种客观存在，不以人的意志为转移并独立于人的意志之外。所以风险不可以被我们的主观意志改变，要切记哦！

安妈妈：既然已经有了社会保险可以保障基本生活，那我们为什么还要买商业保险呢？

保博士：保险的根本目的是转移自己所不能承受的风险造成的经济损失。社保是政府给我们的福利待遇，需要照顾到社会上绝大多数的人，只能保障我们最基本的养老和看病等日常生活，能保障的风险范围非常有限，不能防范极端风险，尤其是看病和养老这些方面，还需要通过更全面的商业保险来进行补充。如果安爸爸发生了重大风险事故，年迈的安爷爷安奶奶就没有钱来养老，安小保就没有钱来继续接受教育。社保无法解决家庭经济支柱伤残或去世后整个家庭的经济危机。此外，医疗社会保险的报销是有条件的，必须是国家规定的医保用药，且社保能报的比例是随着医院级别的提高而降低的，很多家庭承受不起各种重疾高昂的治疗费。而商保是社保的有力补充，更能满足不同的个性化需求，可以起到强化的作用。您现在明白商保的必要性了吗？

图 1-12　商保＋社保，未来会更好

第二讲　保险不是骗人的，但是有原则的

保险不是骗人的，但是有原则的。为什么老百姓一谈保险就反感，认为保险是骗人的呢？那是因为买卖双方没有做好约定。保险买卖是要遵循一定原则的，大家遵守这些原则，买卖保险就可以放心，保险公司就会按照约定进行理赔。本讲将从诚信原则、保险利益原则、赔偿原则等层面展开介绍，使读者对保险规则有个具体认识。

引例

2015 年 7 月，陈女士为自己购买了一份重疾险。在投保时告知保险公司自己身体状况一切正常。保险公司便以标准体承保，没有保全记录。时隔两年，陈女士因罹患甲状腺恶性肿瘤住院，出院后便找保险公司理赔。保险公司经过调查，发现其在投保前 6 个月检查时就出现了该病的预警。可是当时投保人隐瞒了此事。于是保险公司以投保人未如实告知为由，拒绝理赔。

2018 年，李先生投保了某保险公司的重大疾病保险，保额 10 万元。保险期内，李先生因“发作性眩晕”住院，诊断为脑梗死、冠心病。三个半月后，李先生就此向保险公司申请重大疾病理赔。保险公司在理赔调查中发现，李先生在投保前已有高血压及心肌梗死病史，但在投保单的健康告知处未如实告知，因此拒赔。

图 2-1　带病投保不可行

从上面两个案例可以看出，保险并不是想买就能买的！买保险有要求吗？有的。保险怎么买？如何买？买完之后有什么权利和义务？这都是有一些原则要遵守的。买保险，主要应遵循两个原则：最大诚信原则和保险利益原则。本讲，就让我们轻松地了解一下这两个原则吧。

政策导读

"十四五"时期我国保险业发展将呈现六个新趋势①

近日，银保监会副主席梁涛在"北大赛瑟（CCISSR）论坛·2020（第十七届）"上表示，新阶段和新格局对保险业改革发展提出了更高的要求。从监管角度来看，重要的是要坚持问题导向，切实解决行业发展中可能影响群众利益的突出问题。具体而言，要持之以恒地改善保险供给，毫不动摇地坚持保障被保险人利益，坚决守住风险底线。

梁涛表示，顺应中华民族伟大复兴的战略全局，"十四五"时期我国保险业发展将呈现六方面趋势。

我国将成为全球最大的保险增量市场。我国保险市场仍将处于中高速发展阶段。一方面我国经济发展长期向好、居民收入稳步增长，激发了保险需求持续扩大。另一方面，保险业供给侧结构性改革不断深化，供给与需求的匹配度提高，将不断激发新的发展动力。

保险业将在服务双循环新发展格局中发挥更大作用。保险业要着眼于发挥经济"减震器"和社会"稳定器"的作用，在助力构筑重大灾害事故救助安全网、社会民生安全网、畅通经济循环安全网方面更好地服务双循环的发展格局。发挥保险业在灾前防治、灾中救助、灾后重建等

① 付秋实，梁涛. "十四五"时期我国保险业发展将呈现六个新趋势［EB/OL］.(2020-11-04)［2021-11-20］. https：//www. financialnews. com. cn/pl/zj/202011/t20201104_204638. html.

方面的积极作用；同时，积极发展第三支柱商业养老保险，以缓解我国养老保障体系三支柱的结构性失衡矛盾。

高质量发展将成为我国保险业的内在要求。保险市场、保险公司、保险监管逐步成熟，行业高质量发展具备一定基础，与此同时，外部环境促使高质量发展成为迫切需要。今年以来，保险业“利差损”风险加大，保险投资收益率有所下滑。在这种背景下，粗放的发展模式已难以为继，必须走高质量发展道路。

高水平对外开放将成为我国保险业的鲜明特征。保险业在中国金融业中是对外开放时间较早，且力度较大的。目前，全球主要保险集团都在我国设立了经营机构。2019 年末，外资险企所占市场份额超过了7%。实践证明，对外开放有力促进了中国保险市场竞争，推动了国内保险机构改革创新。

保险将逐步成为生产、生活的必需品。我国保险业与老百姓生产、生活的联系日益紧密。比如，商业车险的第三者责任险投保率已经超过88%；过去几年健康保险保费收入年均复合增长率超过 30%。随着消费群体迭代和风险管理意识增强，保险将成为人民群众最基本也是最重要的市场化风险管理工具，深度融入生产、生活的更多领域。

保险业的数字化转型将加速推进。当前数字经济深入发展，金融服务业的数字化转型将是大势所趋。目前，我国开展区块链应用的保险机构已有 30 家。保险业数字化转型的空间巨大、任务紧迫。今后几年，保险业将进入全面推进数字化转型的新时期，逐步实现保险定价精准化、服务供给定制化、营销渠道场景化、风险管理智能化，切实提升保险机构的服务能力。

《中共中央关于制定国民经济和社会发展第十四个五年规划和二〇三五年远景目标的建议》中，共有 15 次提及“保险”，包括长期护理保险、商业医疗保险、农业保险、巨灾保险、重大疾病医疗保险、基本

医疗保险、基本养老保险、失业保险、工伤保险、存款保险、社会保险公共服务平台、多支柱养老保险体系等。“十四五”时期我国保险业将进一步高质量发展，保险将成为我们生产生活的必需品。我们掌握保险投保理赔过程中的原则，能更好地享受保险独具的风险保障的好处。

一、诚信是保险的最大要求

在日常交往和商业活动中，诚信都是第一要求。保险活动中，对诚信的要求尤为看重。所以保险的原则里面，最重要的就有最大诚信原则。由此可见，诚信非常重要！诚信原则可以概括为：诚实守信不隐瞒，说得出就做得到；详细说明解释清，该出手时就出手！

（一）诚实守信不隐瞒

如果你是下文中的主人公，你会作出什么选择？

情景一：假设你是皮乐，准备给自己居住的房屋购买一份保险，找到在保险公司工作的同学李雷，李雷要求你填写一份投保单。投保单上要求填写你是谁、住哪里、你想买什么保险；同时还会问你保险标的的风险状况是怎样的。其中投保单上有一个问题：你的房屋有没有堆放易燃易爆品？李雷解释说，如果你堆放了易燃易爆品，风险比较大，保险公司可能不保；但如果没有堆放，保险公司可能就顺利承保。

图 2-2　如实告知义务

而皮乐要投保的房子，其中一个房间堆放了他表弟暂存的 20 箱烟花爆竹。

如果是你，是选择如实告知保险公司，说房间放了烟花爆竹？还是选择隐瞒事实？

我们知道，做人要诚实。如果你选择隐瞒事实，那后果怎样呢？《中华人民共和国保险法》（简称《保险法》）第 16 条规定："订立保险合同，保险人就保险标的或者被保险人的有关情况提出询问的，投保人应当如实告知。"如果没有如实告知，会有什么后果？保险公司觉得你撒谎了，不诚信，可以解除合同。

《中华人民共和国保险法》第十六条：

订立保险合同，保险人就保险标的或者被保险人的有关情况提出询问的，投保人应当如实告知。

投保人故意或者因重大过失未履行前款规定的如实告知义务，足以影响保险人决定是否同意承保或者提高保险费率的，保险人有权解除合同。

前款规定的合同解除权，自保险人知道有解除事由之日起，超过三十日不行使而消灭。自合同成立之日起超过二年的，保险人不得解除合同；发生保险事故的，保险人应当承担赔偿或者给付保险金的责任。

投保人故意不履行如实告知义务的，保险人对于合同解除前发生的保险事故，不承担赔偿或者给付保险金的责任，并不退还保险费。

投保人因重大过失未履行如实告知义务，对保险事故的发生有严重影响的，保险人对于合同解除前发生的保险事故，不承担赔偿或者给付保险金的责任，但应当退还保险费。

> 保险人在合同订立时已经知道投保人未如实告知的情况的，保险人不得解除合同；发生保险事故的，保险人应当承担赔偿或者给付保险金的责任。
>
> 保险事故是指保险合同约定的保险责任范围内的事故。

另外，在合同没有解除之前发生了事故，保险公司需要赔还是不需要赔呢？答案是不需要赔。如果投保人是故意不如实告知的，保费也不退；如果是过失造成没有如实告知的，保费可退。

所以，撒谎的代价很大，总结起来就是合同解除、责任不担、保费不退（如果是故意的）、保费可退（如果是过失）。

为什么要求投保人如实告知呢？

因为保险标的多种多样，而且归投保人和被保险人所有并使用，所以投保人肯定比保险公司更了解保险标的，因此投保人必须告诉保险公司这些信息。保险公司为什么要了解这些信息呢？因为只有了解了这些信息，保险公司才能够判断要不要承保，以及以什么样的条件承保。所以，如实告知才是正确的选择！

情景二：皮乐如实告知后，李雷建议联系其表弟，把这些烟花爆竹转移到其他安全场所，然后再向保险公司投保。皮乐欣然接受，保险公司顺利承保。

投保后不久，皮乐表弟又找到皮乐家把烟花爆竹放进去。这时候有了第二次选择：买了保险之后风险增加了，你要不要主动告诉保险公司？还是啥都不说，假装不知？你的选择是什么？

我们分析下选择假装不知的后果是什么。

《保险法》第52条规定：“在合同有效期内，保险标的的危险程度显著增加的，被保险人应当按照合同约定及时通知保险人，保险人可以按照合同约定增加保险费或者解除合同。”

如果知而不报，后果是保险公司不承担保险责任！

《中华人民共和国保险法》第五十二条：

在合同有效期内，保险标的的危险程度显著增加的，被保险人应当按照合同约定及时通知保险人，保险人可以按照合同约定增加保险费或者解除合同。保险人解除合同的，应当将已收取的保险费，按照合同约定扣除自保险责任开始之日起至合同解除之日止应收的部分后，退还投保人。

被保险人未履行前款规定的通知义务的，因保险标的的危险程度显著增加而发生的保险事故，保险人不承担赔偿保险金的责任。

为何如此规定呢？

我们前面讲了，保险公司要不要承保，以什么样的条件或价格承保，是根据标的风险大小判断的。所以，如果风险增加了，你应该告知，让保险公司再次判断是否需要继续承保。

如果不告知，你之前交的保费跟现在保险公司承担的保险责任不对等，对保险公司是不公平的。因此投保后，标的危险程度显著增加的，需要主动告知保险公司。

所以，投保后标的风险增加的，需要告知保险公司。

案例中，皮乐最后还是讲究诚信原则，选择了告知保险公司，保险公司评估后，认为风险虽然增加，但可以接受，要求皮乐做好房屋的防损工作，同时提高剩余保险期限内的保险费。

好了，这两次选择讲完了。我们可以看出，这两次选择都要求投保人在保险合同签订和履行过程中如实告知保险标的有关信息。这就是保险的最大诚信原则里面对投保人的第一个要求：如实告知。

所以说，诚实守信投保人，依规投保我看行！

（二）说得出就做得到

最大诚信原则对投保人还有第二个要求：说得出就做得到——遵守保证。

前面我们讲的皮乐，在保险公司投保的合同快到期时，再次找到李雷，要求续保。

皮乐耐心地填写好投保单交给李雷。李雷说，往年你老是在房子里堆放易燃易爆品，风险很大，所以这次保险合同里面要增加一条保证：承诺“在保险期限内不在房屋堆放易燃易爆品，以保证房屋安全”。

皮乐觉得很合理，同意了该要求，顺利投保。结果不久，皮乐表弟又来了，要求在皮乐处暂存几箱烟花爆竹。

皮乐又纠结了……

为什么呢？他有两个选择：第一个选择，拒绝表弟的要求，遵守合同约定，可以对表弟说，合同里面讲了，不能堆放易燃易爆品；第二个选择是碍于亲情，同意存放，但这样就违反了合同里面的承诺。

如果是你，你的选择是什么？

我们来分析一下，如果违反承诺会带来什么样的后果？后果分为以下几种情况。

情况一：违反了保证，但是还没有发生事故。

比如房子里堆放了烟花爆竹，李雷知道了，跟皮乐说这样不行，不符合合同规定。皮乐说我马上改正，把烟花爆竹搬出去了。保险公司觉得他知错能改，没问题，合同继续有效。

但如果皮乐说，没办法，烟花爆竹不能搬出去。那怎么办？这种情况下，风险太大，保险公司要不就直接解除合同，要不就同意堆放易燃易爆品，但因为风险比投保时增加了，保费也要相应增加。

情况二：投保人违反保证，发生了保险事故。

那怎么处理呢？这里又分三种情况。

如果违反保证是投保人自己的因素造成的，保险公司不赔，解除合同，不退保费。这种后果很严重。

但如果是不可抗力造成的，不是投保人自己的意愿，这种情况下发生事故，保险公司还是不赔。保险公司可以选择解除合同，也可以选择继续履行合同，退让一步，不要求投保人遵守这个保证了，但正因为不要遵守保证了，风险增加，保费也要增加。

最后一种，只要是因为违反保证造成的损失，保险公司都不赔，但合同可以按原条件继续履行。

所以，违反保证，也是错误的选择。

我们大家可能想了解一下，一般保险合同中，要求投保人遵守的保证有哪些。下面这些是比较常见的：企业财产保险中，要求投保人保证“不堆放危险品和特别危险品”；机动车辆保险中，要求投保人保证“被保险车辆保持安全行驶技术状态”；货物运输保险中，要求保证“货物包装符合政府有关部门规定的标准”。

保证条款一般列明在保险合同中，看清楚条款，比较容易做到遵守保证。

那我们前面讲的投保人的如实告知，到底有没有明确的范围呢？

告知义务的履行其实也很简单。在我国，投保人的告知也叫询问告知：投保的时候，保险人问什么问题，你如实回答即可。

比如图 2-3 是某保险公司人身险的投保单，只要求你如实回答这 11 个问题就可以了。

告知和保证，是最大诚信原则对投保人的基本要求。除此以外，投保人还要做到防灾防损、依法合理索赔等。

前面的案例中，我们一共做了三次选择。如何能够保证每一次都能作出正确选择呢？或者说，依据什么准则可以帮助我们作出正确选择呢？很简单，讲究诚信就可以了。这就是最大诚信原则的核心。

我们向往一个人人讲诚信、重信用的美好社会。我们也正在建设这

1. 目前能否正常工作、学习?	□是 □否
2. 除本公司产品外，是否已购买或正在申请任何其他保险公司的人身保险？若“是”请详述公司名称、险种、保险金额、申请或购买日期。	□是 □否
3. 过去两年是否曾被保险公司解除合同或申请人身保险而被延期、拒保或附加条件承保？若“是”请详述。	□是 □否
4. 是否曾向任何保险公司提出过索赔申请？若“是”，请详述索赔险种、索赔时间、索赔原因。	□是 □否
5. 是否正在或计划参加私人性质飞行、潜水、拳击、攀岩、赛车、漂流等危险运动或有此类嗜好？若“是”请详述。	□是 □否
6. 过去有无服用违禁药物、毒品；或曾因饮酒、吸毒或服用药物而需要接受治疗或辅导？	□是 □否
7. 有无先天性、遗传性疾病或畸形；有无身体残疾及智力障碍？	□是 □否
8. 是否曾在境外居住超过三个月或正计划前往境外？若“是”，请详述。	□是 □否
9. 是否为职业司机？若“是”请详述车辆种类、载重量或载人人数等。	□是 □否
10. 是否享有社会医疗保险或公费医疗保障？如“是”，请详述参保情况。	□是 □否
11. 只适用于16岁以上女性被保险人：现在是否怀孕？如是，已怀孕________月。	□是 □否
上述2~11项告知如有任何答案为“是”者，请注明编号并详细说明。	

图 2-3　××公司投保单上的告知事项

么一个人人讲诚信、重信用的美好社会。而诚信投保，正是为诚信社会添砖加瓦。

重信守诺，诚信投保！诚信社会，人人有责！

（三）详细说明解释清

前面我们讲到投保人投保需要诚实守信、重信守诺。那保险人在承保和合同履行过程中，有什么要求吗？这就是我们接下来要介绍的最大诚信原则对保险人的要求。

我们也先通过下面的情景帮保险公司作出选择。

皮乐向保险公司的业务员李雷咨询保险，准备为家庭财产购买家财险。李雷需要向皮乐详细说明保险条款吗？李雷有两种选择：一种是向皮乐详细说明家财险的条款；一种是觉得不重要，忽略不讲。哪种选择是正确的呢？

图 2-4　详解保险条款

如果保险人选择忽略不讲，后果是什么？《保险法》第17条规定："订立保险合同，采用保险人提供的格式条款的，保险人向投保人提供的投保单应当附格式条款，保险人应当向投保人说明合同的内容。"

《中华人民共和国保险法》第十七条：

订立保险合同，采用保险人提供的格式条款的，保险人向投保人提供的投保单应当附格式条款，保险人应当向投保人说明合同的内容。

对保险合同中免除保险人责任的条款，保险人在订立合同时应当在投保单、保险单或者其他保险凭证上作出足以引起投保人注意的提示，并对该条款的内容以书面或者口头形式向投保人作出明确说明；未作提示或者明确说明的，该条款不产生效力。

好医保

××保险定制　　400万高额保障

为什么要买好医保・长期医疗？
・防止大病或意外，让全家陷入经济困境
・报销进口药，代约好医生，享更好治疗服务

好友动态　　你有2个好友购买了该产品

保障详情　　更多详情

一般疾病及意外医疗保险金	200万
100种重大疾病医疗保险金	400万
100种重大疾病津贴保险金	1万
保障期限	1年（可续保至100岁）

《投保须知》《保险条款》《服务协议》

请确认投保信息

为谁投保　自己健康是对家人的负责

图2-5　互联网投保页面例示

先解释一下第一段。首先，填写投保单时，保险人要提供详细的保险条款。这是什么意思呢？很简单，就是你买一样东西的时候，一定要见到这样东西的实物，才更放心。买保险也是这样，我要买什么保险，最起码这个保险条款具体内容是什么，你应该出示给我看！我会不会看、能不能看懂，那是我的事，但是条款你不能不给。

如图2-5所示，现在比较流行的互联网保险，通过手机等互联网终端购买保险，在其产品展

示页面上就有保险条款的链接，链接到详细的条款，点开就可以查看了。

其次，保险人要向投保人说明保险条款的内容。原因有两个：一是在我们日常投保中，保险产品的具体条款是保险公司拟定的，所以，保险公司对条款更熟悉。二是如果给你一份保险合同，你能在较短的时间内准确解读吗？恐怕一般人看到条款开头对投保人、被保险人、受益人、保险人的定义就已经蒙了。所以说，由于保险知识比较专业，对于大部分人而言，要自己阅读并充分理解保险条款有一定的难度。基于以上两个原因，需要更熟悉保险条款的保险人如实地、详细地先向投保人说明保险条款的内容。

比如互联网保险，一般在其产品展示页面上都会综合运用视频、举例、列表等多种方式去展示和说明保险条款的主要内容。

我们再看《保险法》第 17 条第 2 款："对保险合同中免除保险人责任的条款，保险人在订立合同时应当在投保单、保险单或者其他保险凭证上作出足以引起投保人注意的提示，并对该条款的内容以书面或者口头形式向投保人作出明确说明；未作提示或者明确说明的，该条款不产生效力。"

我们看到，对于保险人的责任免除条款，有更高的要求。

一是要作出引人注目的提示。比如该部分内容加框，字体加粗，或者用红色字体标注。总而言之，就是要把责任免除条款"打扮成这条街上最靓的仔"，谁也无法忽视其存在。图 2-6 就是某家保险公司对其保险条款中的责任免除部分字体加粗以突出显示。

二是不仅要让人们注意到这些责任免除条款，还得向人们详细郑重地介绍。不同于一般的条款，对于责任免除条款部分，保险人要主动介绍，明确说明。可以书面说明，也可以口头介绍。注意，如果只是在保险合同里面列明，不能看作是对该责任免除条款进行了说明，而是要额外地口头或者书面说明。

本公司累计给付的某项交通工具意外伤害残疾保险金达到该项交通工具保险金额时，本合同该项交通工具的保险责任终止。

（2）意外伤害身故保险金

被保险人自意外伤害发生之日起180日内因该意外伤害身故的，本公司按该项交通工具保险金额给付意外伤害身故保险金，本合同终止。

如被保险人已领取该项交通工具的意外伤害残疾保险金，本公司按该项交通工具保险金额扣减累计给付的该项交通工具意外伤害残疾保险金后的余额给付意外伤害身故保险金，本合同终止。

2.4 责任免除

被保险人因下列1~8项情形之一残疾或身故的，本公司不承担保险责任：

1.投保人对被保险人的故意杀害、故意伤害；

2.被保险人故意犯罪或抗拒依法采取的刑事强制措施；

3.被保险人自杀，但自杀时为无民事行为能力人的除外；

4.被保险人主动吸食或注射毒品（详见释义）；

5.核爆炸、核辐射或核污染；

6.猝死；

7.被保险人的精神和行为障碍（以世界卫生组织颁布的《疾病和有关健康问题的国际统计分类（ICD-10）》为准）；

8.战争、军事冲突、暴乱或武装叛乱。

发生上述第1项情形导致被保险人身故的，本合同终止，本公司向身故保险金受益人退还保险单的现金价值。

因上述2~8项情形被保险人身故的，本合同终止，本公司退还保险单的现金价值。

图 2-6　××公司保险责任免除条款

图 2-7 是某保险产品的投保页面，可以看到，除了有条款详情的链接，还额外有免责说明书的说明，对合同里面的除外责任加以特别说明。

为什么对于责任免除部分的说明，作出如此严格的要求呢？因为除外责任条款非常重要，这部分条款讲的是什么情况下保险公司不需要承担赔偿或者给付责任，通俗地说，就是一个产品的“不足之处”。你说这个条款是不是很重要?！但是保险合同条款那么多，投保人很容易忽略掉该部分条款。如果不讲清除外责任，投保人在对所投保的保险产品没有充分认识的情况下投保，很容易放大对保险的预期，也容易因为预期落空从而引起纠纷。

所以说，责任免除条款的说明义务更加严格。

××百万防癌医疗险

免责说明书　投保须知　重要提示　条款详情

二、责任免除事项：

在下列期间发生的或因下列情形之一导致的医疗费用，众安保险不承担保险责任：

18. 投保人、受益人对被保险人的故意杀害、故意伤害；
19. 被保险人故意自伤、故意犯罪或者抗拒依法采取的刑事强制措施；
20. 被保险人在初次投保前或非续保前及等待期内确诊为恶性肿瘤（含原位癌）或者中老年特定疾病，或出现与所患恶性肿瘤（含原位癌）或中老年特定疾病相关的症状或体征；等待期内接受检查但在等待期后确诊恶性肿瘤（含原位癌）或者中老年特定疾病的；
21. 保险单中特别约定的除外疾病；

我已逐页阅读并同意

图 2-7　××公司保险免责说明书

如果对于责任免除条款没有说明，那后果是什么？刚刚在《保险法》里面提到，后果是“该条款不产生效力”。

比如某意外险里面有一个责任免除条款，里面提到“参与攀岩、滑雪等活动造成的意外，保险公司不负责”。如果保险公司没有对这个条款加以说明，日后被保险人滑雪发生了意外，本来保险公司不需要给付保险金，但因为保险公司没有对此条款加以解释，所以该条款无效，也就是说保险公司需要承担保险责任。

投保单上，一般有图 2-8 中的类似声明，声明保险公司已经向投保人解释过条款了，投保人对该险种很了解。通过这样的白纸黑字证明保险公司履行了说明义务。

好了，这就是保险人的选择，详细说明保险条款。谆谆教导，帮你理解，不怕暴露缺点，就怕你不了解。了解越全面，投保越科学！

声明与授权

1. 贵公司所提供的投保单已附保险条款，已对保险合同的条款内容履行了说明义务，并对免除保险人责任的条款履行了提示和明确说明义务。本人所填投保单各项及告知事项均属事实并确无欺瞒。上述一切陈述及本声明将成为贵公司承保的依据，并作为保险合同一部分。如有不实告知，贵公司有权在法定期限内解除合同，并依法决定是否对合同解除前发生的保险事故承担保险责任。

2. 本人谨此授权凡知道或拥有任何有关本人健康及其他情况的任何医生、医院、保险公司、其他机构或人士，均可将有关资料提供给贵公司。此授权书的影印本也同样有效。

3. 本人已知晓：

（1）具有续保条款的意外险或健康险产品，贵公司将按续保保险期间开始时被保险人的年龄和职业、上年度保额等费率计算因子重新计算续保合同保费，并保留拒绝续保、对承保条件做出相应调整的权利。

（2）具有续保条款的意外险或健康险产品，如果被保险人的职业（或工种）、健康状况等发生变化或在保险期间发生保险事故，本人有义务在续保之前以书面形式如实告知贵公司。

4. 投保授权声明（投保人非被保险人本人或法定监护人时填写）：

作为被保险人本人或法定监护人，本人同意投保人（姓名）________________ 为被保险人投保贵公司的保险产品及基本保险金额，并同意本投保单中设定的受益人、受益顺序及受益份额。

授权人签名：　　　　　　　　　　　　　授权日期：　　年　　月　　日

投保人签章：

被保险人（或监护人）签章：　　　　　　投保日期：

图 2-8　××公司保单中的声明与授权条款

（四）该出手时就出手

路见不平一声吼，该出手时就出手！大家可能觉得奇怪，学着学着怎么还唱起来了呢？那是因为我们接下去的内容跟这首《好汉歌》有关系。

情况是这样的。李雷向皮乐详细说明了保险条款，皮乐非常满意，准备填写投保单。投保单上有一个选项是问房屋里面有没有堆放易燃易爆品。皮乐说一个房间堆放了他表弟暂存的 20 箱烟花爆竹，不过马上就要搬走，并说："我就填写没有堆放吧？"李雷听说后，陷入沉思：我是装作不知道，接受承保呢？还是指导皮乐要准确填写呢？

如果你是李雷，你会怎么选择？有了前面的铺垫，我们应该知道正确的选择是告诉皮乐："不能撒谎和隐瞒事实，要如实填写。"

那如果选择"装作不知道"，会有什么后果？我们在前面提到《保险法》第16条规定，投保人没有如实告知，保险人可以解除合同。如果保险公司不及时解除合同，会怎么样呢？

《保险法》第16条第3款规定："前款规定的合同解除权，自保险人知道有解除事由之日起，超过三十日不行使而消灭。自合同成立之日起超过二年的，保险人不得解除合同；发生保险事故的，保险人应当承担赔偿或者给付保险金的责任。"

我们来好好分析一下，注意下保险人行使这个解除权是有期限的。

一个是从保险人知道有解除事由之日起三十天。比如投保人投保时告知保险人自己身体健康，保险公司承保后不久查阅投保人体检记录时，发现投保人隐瞒了自己在投保前两个月曾经生病住院的事实，从保险公司发现那一刻起，保险人可以解除合同，但必须在三十天内解除；超出三十天，保险公司不可以解除合同。

另外一个是从合同成立之日起两年。这个规定对保险人提出了很高的要求。怎么理解这个规定呢？有的人开玩笑说，骗保险公司，只要骗够两年就行了。虽然是一句玩笑话，但也有一定道理。这条规定要求保险公司要在承保两年内发现投保人是否有违反如实告知义务的情况，超出这个期限，保险公司也不能以当初投保人没有如实告知为理由解除合同。所以说，这个规定对保险人的核保水平和风险控制能力提出了很高的要求。

为什么对保险人如此严格？假如保险人明明知道投保人撒谎了还默不作声，如果没有发生保险事故，保险人赚了保险费；如果发生事故了，保险人又对投保人说"你撒谎了，对不起，我不赔"。你看，不管事故有没有发生，保险人是不是稳赚不赔？

所以这样是不行的。保险人知道对方犯错了，应该"路见不平一声吼"，大胆指出来，不指出来，就说明原谅对方了。

这种在保险理论里面叫做“弃权与禁止反言”。所谓“弃权”，就是你放弃了权利；“禁止反言”，就是说不能再把放弃的权利拿回来，就像下棋一样，落子无悔。

具体到法律里面的规定，就是我们刚刚讲的，如果投保人违反如实告知义务，这时保险公司就有解除保险合同的权利。如果保险公司不及时解除，就认为保险公司放弃了这个权利。超出前面我们讲的三十日或者两年的期限，保险公司就不能以投保人违反如实告知义务为理由解除合同和拒绝赔偿了。

另外，《保险法》第 16 条第 6 款规定：“保险人在合同订立时已经知道投保人未如实告知的，保险人不得解除合同；发生保险事故的，保险人应当承担赔偿或者给付保险金的责任。”

比如刚才讲的皮乐当着李雷的面隐瞒房屋堆放易燃易爆品的事实，李雷作为保险公司的代表默不作声，承保了，这就意味着保险人认为对方的这种情况是符合承保要求的，保险人后面就不能反悔拒绝赔偿了。

以上就是最大诚信原则：

讲究诚信很重要，投保承保要厚道！

诚实守信不隐瞒（告知），说得出就做得到（保证）！

详细说明解释清（说明），该出手时就出手（弃权与禁止反言）！

加强监管　保护保险消费者权益[①]

如何保证保险公司遵守诚信原则？来自监管部门的监管必不可少。

---

① 银行保险机构消费者权益保护管理办法征求意见：禁止误导销售、捆绑搭售、不合理收费［EB/OL］.（2022-05-19）［2022-06-05］. https：//finance. ifeng. com/c/8GqRuWxBTHh.

2022年5月19日，银保监会发布消息称，为维护公平公正的金融市场环境，切实保护银行业保险业消费者合法权益，促进行业高质量稳健发展，依据《中华人民共和国银行业监督管理法》《中华人民共和国商业银行法》《中华人民共和国保险法》《中华人民共和国消费者权益保护法》等法律法规，银保监会起草了《银行保险机构消费者权益保护管理办法（征求意见稿）》（以下简称《管理办法》），预计年内印发出台。

《管理办法》主要有五大方面的内容，包括关于总体目标、机构范围、责任义务、监管主体和工作原则的规定；关于工作机制和管理要求；规范机构经营行为；关于监督管理；明确适用范围、解释权和实施时间等内容。

其中，在规范机构经营行为方面，《管理办法》明确保护消费者八项基本权利。例如，在营销宣传方面，《管理办法》要求银行保险机构不得进行欺诈、隐瞒或误导性的宣传，不得发布夸大产品收益、掩饰产品风险等虚假或引人误解的宣传；在收费管理方面，《管理办法》要求银行保险机构应当在营业场所、网站主页等醒目位置公示各种收费项目、服务内容和收费标准。新增收费项目或变更收费标准的，应按照价格管理相关规定提前三个月公示……

《管理办法》还给出了违反该规定的处罚标准。《管理办法》表示，银行保险机构以及从业人员违反本办法规定的，由银保监会及其派出机构依据法律法规实施行政处罚；法律、行政法规没有规定的，由银保监会及其派出机构责令改正，给予警告，处以10万元以下罚款；涉嫌犯罪的，依法移交司法机关追究其刑事责任。银行保险机构存在欺诈、销售误导等严重侵害消费者合法权益行为，且涉及人数多、涉案金额大、持续时间长、社会影响恶劣的，银保监会及其派出机构除按前款规定处理外，对相关董事会成员及高级管理人员给予警告，处以10万元以下罚款。

据悉，《管理办法》是银保监会落实“建立健全金融消费者保护基本制度”决策部署的重要举措，是银保监会在银行业保险业消费者权益保护领域制定的纲领性文件，统一了银行保险机构消费者权益保护监管标准。首都经贸大学保险系副主任李文中对记者表示，此次专门拟定《管理办法》显示出监管部门要系统地、全面地、规范地加强消费者权益保护，也意味着保险机构需要把保护消费者权益放到日常工作中更重要的位置。从长远看，这有利于规范保险机构的市场行为，提升行业社会形象，推动保险业高质量发展。

二、保险不是你想买就能买的

保险不是你想买就能买的。为什么这么说呢？因为保险合同的签订和履行还要遵循保险利益原则。

（一）什么是保险利益

先看一个案例：中秋赏不到月亮也能有保险可以赔！①

2013 年 8 月，某保险公司推出国内首个“中秋赏月险”。依据该保险设定，被保险人如中秋看不到月亮，则可获赔 50 元或 188 元。据悉，赏月险的售卖时间为 8 月 26 日至 31 日。保险公司人士表示，此时距离中秋还有 19 天，气象预报无法预测那么长的时间。有网友戏言，买了赏月险，中秋是期待月亮出来还是不出来呢？保险公司介绍，“赏月险”的全名是“赏月不便险”，是一款人身意外险的附加险，赔付的是消费者不能赏月造成的心情损失，类似民众熟悉的航班延误险。对此，各路网友和专家议论纷纷，有人认为这就是赌博，有人认为这是创新。你对此怎么看呢？

① 奇葩保险亮瞎眼：中秋节看不到月亮可获赔偿［EB/OL］.(2014-07-14)［2021-05-16］. http：//news. sohu. com/20140714/n402185446. shtml.

分析这个案例，需要我们掌握一些基本的保险知识。

首先，我们要掌握一个概念：保险利益。保险利益是指投保人或被保险人对保险标的所具有的合法的经济利益，也叫可保利益。怎么判断某利益是可保利益呢？

保险利益的构成包含三个条件：

1. 必须是合法利益

合法利益，顾名思义，就是符合法律规定的利益。换句话来说，如果是违法取得的物品，是不受法律保护的，也就不具有保险利益。我们自己个人合法拥有的财产如房屋、汽车、电脑、其他用品等，这是属于合法的财产，属于这里所指的可保利益。在实务中，保险公司是不会为没有合法利益的赃物、违法建筑、走私物品等承保的。

2. 必须是经济利益

什么叫经济利益呢？经济利益指的是可以用货币来衡量的利益。

我们说“不忘初心，方得始终”。保险的初心是什么呢？是赔偿和保障。保障的是风险所造成的损失，这种损失必须是可以用货币来衡量的。那为什么一定要用货币来衡量呢？很简单，如果无法用货币衡量，那到底损失多少，最后保险公司要赔多少，就无法确定了。

所以我们也就能够理解，在实务中，保险公司对于无法用货币衡量的利益，比如说精神损失、精神损害等就不提供保障。另外，还有一些有价证券、古董等物品，虽然可以用货币来衡量，但是要不就是其价值不稳定，要不就是对其估价争议非常大，所以这一类财产，保险公司通常也是不会承保的。

3. 必须是可以确定和能够实现的利益

也就是说，这个利益必须实打实地是属于投保人的，当然它并不限于说一定是现有的和直接的利益，也可以是期待的和间接的利益。那什么叫期待利益呢？所谓“期待利益”，就是现在没有，但是未来可能会有。比如说你有一栋房屋，常年出租给别人，一个月的租金是一千元。

如果说今天发生了火灾，导致未来的三个月这个房屋无法出租，这三个月的租金你就收不到了。那这三个月的租金损失，其实就是你的间接损失。这三个月的租金收入，就是你的期待利益。期待利益和间接利益也可以向保险公司进行投保，但前提是能够向保险公司证明这利益是能够获得的。

我们根据以上三个条件，就可以判断哪些利益属于保险利益，可以由保险公司承保；哪些不具有保险利益，保险公司不会承保。

（二）为什么要具有保险利益

前面我们了解了保险利益是什么，那为什么要有“保险利益”这么一个概念呢？这就涉及保险四大原则里面的保险利益原则。

保险利益原则指的是在订立保险合同或发生保险事故时，有两个要求：第一，投保人或被保险人对保险标的应该具有保险利益；第二，被保险人获得的赔偿不能够超过其保险利益。这两个要求中，第一个强调的是要有保险利益，第二个强调的是对量的大小的规定。

为什么要有保险利益呢？举个例子，张三有一辆车，无关的第三人李四为张三的车买了机动车辆保险，请问李四对张三的车有没有保险利益？明显没有。如果这样的保险允许存在，会有什么后果？李四希望保险事故发生还是不发生？如果事故发生了，车的损失李四不用承担，因为不是李四的车，车的损失跟李四没关系。但是发生事故后，李四可以获得保险公司的保险金。也就是说，事故不发生，李四亏保险费了。事故发生了，李四反而赚了一笔钱。那李四是希望保险事故发生还是不发生？估计李四会在心里默默希望“赶紧发生事故吧”。如果事故不发生，还很有可能采取非法手段去促使事故发生。你看，这样的保险，保险公司会保吗？这样的保险，其实已经变成了赌博——赌这辆车在接下去的一年内会不会发生保险事故。换个情况，如果李四是给自己的车买保险，李四会像刚才那样希望甚至促使保险事故发生吗？当然不会，因为

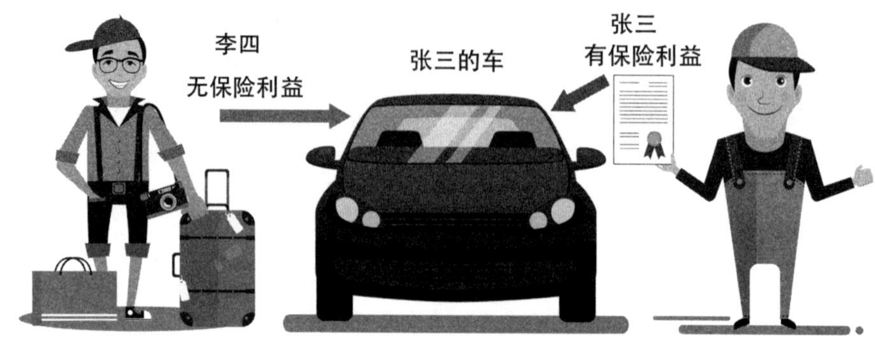

图 2-9　保险利益原则

这辆车是李四的，损失李四自己承担，即使保险公司赔偿了，也只是填平了李四的损失，不会让李四有获益。所以，规定被保险人对保险标的要有保险利益，一是可以从根本上划清保险与赌博的界限；二是可以防止道德风险的发生，防止被保险人故意损害保险标的来获取赔款。

再看保险利益原则第二个规定，要求被保险人获得的赔偿不能够超过其保险利益，限定保险人承担赔偿或给付责任的最高限额。这条规定的意义在哪里呢？其实跟前面差不多，如果规定被保险人获得的赔偿可以超过其保险利益，也就意味着保险标的发生事故，被保险人反而可以获益，你说被保险人会不会照顾好保险标的？所以，规定被保险人获得的赔偿不能够超过其保险利益，被保险人就不能从保险事故的发生中获益，这样可以降低道德风险。记住，保险的本质是补偿，不是让你获益。

所以大家看，通过保险利益原则这两个简单的规定，就可以让被保险人为具有保险利益的标的进行投保，同时能够对标的进行很好的看管。你想买保险对吧？那请问您对投保的标的具有保险利益吗？如果没有，那对不起，您不能买。保险，不是你想买就能买的。

这就是保险利益原则。什么能买，什么能卖，保险利益是关键所在！

好了，学习了保险利益的判断，请你自己试着分析前面的“中秋赏月险”这个案例。

三、财产保险不问过往，只看现在
——财产保险的保险利益

前面介绍了什么是保险利益原则。实际上，财产保险和人身保险中保险利益的要求是不太一样的。前面在介绍保险利益原则的时候，讲到“投保人或被保险人”要具有保险利益。这个表述是有讲究的。财产保险的保险利益要求被保险人对保险标的具有保险利益。所谓“被保险人”，就是享受保障的人，对所保的标的具有保险利益。具体来说，分为以下几种情况：

（1）财产所有人、经营管理人对其所有的或经营管理的财产具有保险利益。例如，公司法定代表人对公司的财产具有保险利益；货物所有人对其货物具有保险利益；房主对其所有的房屋和家具具有保险利益等。这种情况下，保险利益的大小一般等于这些财产的价值。

（2）财产的保管人、货物的承运人、承包人、承租人等，对其保管、占用、使用的财产，在负有经济责任的条件下具有保险利益。财产的保管人、货物的承运人、承包人、承租人对其保管、占用、使用的财产负有安全保管责任，在这些财产发生事故时，要对物主进行赔偿。这种情况下，保险利益的大小与财产的保管人、货物的承运人、承包人、承租人与其承担的经济责任大小直接相关。

（3）作为抵（质）押物、留置物、典当物的财产的权利人，对抵（质）押物、留置物、典当物具有保险利益。很明显，抵（质）押物、留置物、典当物如果发生了事故，将给这些财产的权利人造成经济上的损失，因此，权利人对这些财产拥有保险利益。这种情况下，保险利益的大小并不直接等于这些财产的价值，而是与权利人的权利大小有关。

例如银行贷款给某企业100万元，以价值200万元的厂房作抵押，那么保险利益的大小不是厂房的价值200万元，而是债务额100万元。

抵（质）押、留置、典当的概念

抵押，就是债务人或第三人不转移法律规定的可做抵押的财产的占有，而将该财产作为债权的担保，当债务人不履行债务时，债权人有权依法就抵押物处置款优先受偿的行为。

质押，就是债务人或第三人将其动产移交债权人占有，将该动产作为债权的担保，当债务人不履行债务时，债权人有权依法就该动产处置款优先受偿的行为。

留置，就是债权人按照合同的约定占有债务人的财产并在其债权未受清偿时将该项财产留置，当债务人不履行债务超过一定期限时可依法变卖留置的财产，债权人从价款中优先得到偿还的行为。

典当，是指当户将其动产、财产权利作为当物质押或者抵押给典当行，交付一定比例费用，取得当金，并在约定期限内支付当金利息、偿还当金、赎回当物的行为。

（4）经营者对其合法的预期利益具有保险利益。如经营者对营业利润、租金收入、票房收入等具有保险利益，故而对因营业中断导致预期的利润损失、租金收入减少、票房收入减少等有保险需要。这些利益虽然不是确定的，但可以依据相关因素对其加以合理的预测和估计。如预期的利润损失，可以以上年同期的利润额为基础，再考虑市场的变化和公司的发展情况加以估计，其最大损失额就是保险利益的大小。

（5）对民事损害负有经济赔偿责任的法人或自然人具有保险利益。在责任保险中，按照法律、行政法规或合同规定，应对他人的财产损失或人身伤亡负有经济赔偿责任者，对自身的这种经济赔偿责任具有保险利益，主要包括以下几种：各种固定场所如饭店、旅馆、影剧院、体育场馆等的所有人、管理人，对因固定场所的缺陷或管理上的过失及其他意外事件，导致消费者等人身伤害或财产损失依法应承担的经济赔偿责任具有保险利益；产品的制造商、销售商、修理商对因其制造、销售、修理的产品有缺陷，而造成的用户或消费者的财产损失或人身伤害依法应承担的经济赔偿责任具有保险利益；各类专业技术人员如医师、药剂师、美容师、会计师、律师、建筑师等对因其工作上的疏忽或过失，造成的他人财产损失或人身伤害依法应承担的经济赔偿责任具有保险利益；雇主对其雇员在受雇期间因从事与职业行为有关的工作而患职业病或伤、残、亡等，依法应承担的医疗费、工伤补贴、家属抚恤金等责任具有保险利益。这些人都可以投保相应的责任保险。责任保险的被保险人，因其造成的财产损失和人身伤亡是不特定和难以预测的，因此，其承担的经济赔偿责任从理论上说没有上限，其保险利益可以是无穷大。但在实务中，往往是根据被保险人实际情况来估计可能的风险大小，从而来确定一个保险金额。

(6) 因合同对方当事人不履行应尽义务而可能遭受经济损失者；因自己的作为或不作为使他人受到损害者；因雇员的不法行为而遭受经济损失的雇主等。

在信用保险中，保险标的是各种信用行为。在经济交往中，权利人与义务人之间基于各类经济合同而存在经济上的利益关系。当义务人因种种原因不能履约时，会使权利人遭受经济损失。因而，权利人对义务人的信用具有保险利益，而义务人对自身的信用具有当然的保险利益。如在债权债务关系中，债权人对债务人的信用具有保险利益，可以投保信用保险；而债务人对自身的信用也具有保险利益，可以投保保证保险。再比如制造商（卖方）对批发商（买方）的信用具有保险利益，雇主对雇员的信用具有保险利益，业主对承包商的信用具有保险利益。这些信用的大小即为保险利益的大小。

以上是财产保险中各种情况下的保险利益。我们这里再解释一下财产保险的保险利益为什么“不问过往，只看现在”。保险利益是会变的：可能一直有，可能以前有现在没有，也可能以前没有现在有。那财产保险要求什么时候要有保险利益呢？财产保险要求事故发生时要有，投保时不一定要有。举个例子，比如张三要买一批货物，三天后张三去厂家把货物运回来，张三今天想给这批货物购买货物运输保险，如果要求张三这个时候对货物要有保险利益才可以买，可因为货物现在还不是张三的，没有保险利益，张三就无法投保。那等三天后张三拿到这批货物，再来买保险行不行呢？保险公司说行。可是真等到三天后货物给张三了，张三再投保，等保险手续办好，货物都已经运到目的地了，那张三还有买保险的必要吗？所以，在货物运输险中，没有保险利益时也可以先买，但发生事故时要有保险利益。

有的人会问：刚投保时没有保险利益，是否有道德风险？其实没有。因为如果货物还没移交给张三时发生事故，保险公司赔钱给张三吗？不给。因为张三这个时候没有损失，货物的损失这个时候由原来的货主承担。所以，张三无法通过故意损坏保险标的来获取非法收益。

《中华人民共和国保险法》第十二条：

人身保险的投保人在保险合同订立时，对被保险人应当具有保险利益。

财产保险的被保险人在保险事故发生时，对保险标的应当具有保险利益。

人身保险是以人的寿命和身体为保险标的的保险。

财产保险是以财产及其有关利益为保险标的的保险。

被保险人是指其财产或者人身受保险合同保障，享有保险金请求权的人。投保人可以为被保险人。

保险利益是指投保人或者被保险人对保险标的具有的法律上承认的利益。

因此，在财产保险中，关键看事故发生时被保险人有没有保险利益。所以说，财产保险的保险利益，“不问过往，只看现在”。

四、人身保险一经拥有，天长地久——人身保险的保险利益

历史上，曾经有普通人为英国女王买保险。这样妥当吗？普通人跟英国女王没关系，他是希望英国女王活得好好的，还是希望英国女王死亡呢？如果英国女王死亡，他能获得保险金，有可能他就制造事故让英国女王死亡，从而获得保险赔偿。所以我们可以通过保险利益的规定，避免这种为无关第三人买保险，最后伤害被保险人来获取保险金的情况发生。具体而言，人身保险的保险利益是指投保人对被保险人具有保险利益。这个跟财产保险不一样，财产保险要求被保险人对保险标的具有保险利益，而人身保险保险利益要求投保人对被保险人具有保险利益。

投保人就是签订保险合同交保费的人，人身保险的保险利益包括两个部分：

第一部分，本人对自己的生命和身体健康具有保险利益。这是毋庸置疑的。所以，符合投保人条件的任何人，都可以为自己购买保险，也就是自己既是投保人，也是被保险人。

图 2-10　如何判定利益关系

第二部分，对其他具有利益关系的人也具有保险利益。具体而言，一是血缘关系，在父母和子女之间，如果子女受伤了或者死亡了，父母会不会伤心？当然很伤心。所以对具有亲密的血缘关系的人有保

险利益。二是法律上的利害关系。比如夫妻之间虽然没有血缘关系，但是他们生活在一块，情感上很亲密，经济利益上也密切交织在一块的，一方的死亡都会造成另外一方的损失，所以他们之间具有利害关系。三是单纯的经济利益关系。比如张三欠李四100万元，李四是希望他活得好好的呢？还是希望他死亡呢？肯定希望他活得好好的。因为万一张三死亡了，这笔钱李四可能就拿不回来了。

知识链接

我国《保险法》中对人身保险保险利益的规定①

什么样的利益可以作为保险利益，不同的国家，立法原则也不一样。我国大陆《保险法》基本采用利益和同意相兼顾的原则：投保人和被保险人间存在金钱上的利害关系或者其他利害关系的，投保人对被保险人具有保险利益；没有上述关系的，如果被保险人同意投保人为其订立保险合同的，视为具有保险利益。《保险法》第三十一条规定："投保人对下列人员具有保险利益：（一）本人；（二）配偶、子女、父母；（三）前项以外与投保人有抚养、赡养或者扶养关系的家庭其他成员、近亲属；（四）与投保人有劳动关系的劳动者。除前款规定外，被保险人同意投保人为其订立合同的，视为投保人对被保险人具有保险利益。"

这里面的配偶指与投保人具有合法婚姻关系的另一方，夫妻互为配偶；子女，包括婚生子女、非婚生子女、养子女和有抚养关系的继子女；父母，包括生父母、养父母和有赡养关系的继父母。按前面两项的规定，祖父母对孙子孙女是没有保险利益的。但如果祖父母与孙子孙女间具有抚养或赡养关系的，因其符合第三项的规定，认为具有保险利益。

该条规定里面的第二、三条认可的是血缘关系和法律上的利害关

① 林宝清. 保险法原理与案例［M］. 北京：清华大学出版社，2006.

系。对于经济上的利益关系，只是明确规定了雇主和雇员这种情况，对于国际上保险实践中通常认可的债务人与债权人、合伙人之间没有明确规定。不过因为该条同时规定了只要被保险人同意投保人为其订立合同的，视为投保人对被保险人具有保险利益，因此，其他确有经济利益关系但在《保险法》中没有明确规定的，就可以灵活运用该条款来订立保险合同。

同时，为了保证被保险人的人身安全，我国《保险法》还对以死亡为给付条件的保险合同作出了特别规定。《保险法》第 34 条规定："以死亡为给付保险金条件的合同，未经被保险人同意并认可保险金额的，合同无效。"

人身保险的保险利益的大小是如何规定的呢？因为人的生命和健康是无价的，所以不能准确计量被保险人的死亡给投保人带来多大的损失，所以人身保险的保险利益没有一个准确的数值。发生事故后，保险人按照合同约定的金额给付保险金，而不会去问保险利益的大小是多少。这个跟财产保险是不一样的。

最后，为什么说人身保险的保险利益"一经拥有，天才地久"呢？人身保险要求投保时要有保险利益，但发生事故时可以没有，为什么呢？比如两个人是夫妻，丈夫对妻子有保险利益，可以购买保险，丈夫为投保人，妻子为被保险人，丈夫为妻子购买健康保险。后来双方离婚了，就没有保险利益了。如果说规定此时双方没有保险利益，合同无效，对妻子很不公平。比如离婚后妻子生病了，保险公司以此时双方没有保险利益为由，认定合同无效从而不给付保险金，被保险人也就是妻子就无法获得必要的保障。

另外，人身保险特别是寿险的保险期限比较长，投保很长一段时间后，投保人和被保险人基于保险合同有着很大的利益，如果因为双方没有保险利益就宣布合同无效，无疑是损害了投保人、被保险人以及受益人的利益。

因此，人身保险规定投保时要有保险利益，但发生事故时可以没有。

案例分析 2-1

保险公司派发宣传单不构成履行提示说明义务

【基本案情】梁某、陈某通过学校为其女儿小梁向保险公司投保了校园保险，保险期内小梁因病死亡，梁某、陈某遂要求保险公司支付保险金。保险公司认为，病历显示小梁在投保前已经患有疾病，按照保险合同约定，保险公司无须给付保险金。双方对于保险公司是否就免责条款履行了提示说明义务存在争议。保险公司主张其在承保前已通过学校向家长派发宣传单的方式履行了提示说明义务，梁某、陈某则对此不予确认。人民法院经审理认为，保险公司通过学校派发宣传单的主要目的在于吸引学生家长投保，该宣传单的性质类似于广告，不属于保险凭证范畴，宣传单上没有任何关于家长需要注意免责条款的内容的提示，保险公司也没有通过其他方式对免责条款进行解释说明。故仅凭宣传单不能证明保险公司就免责条款尽到了提示说明义务，判决保险公司向梁某、陈某支付保险金。

【法官说法】校园保险在投保过程中涉及保险公司、保险经纪公司、学校、学生及家长等多方主体，作为投保人的学生家长实际并未与保险公司或保险经纪公司的专业人员接触，往往导致沟通不畅、权责不明、互相诿过，最终引发纠纷。保险公司应全面履行保险人责任，向家长和老师讲解保险类型、保障范围、投保注意事项等保险常识，使家长在全面了解保险内容的基础上决定是否投保，对于容易引发纠纷的免责条款，应采取适当的方式对家长尽到合理、充分的提示说明义务，避免提示说明流于形式。

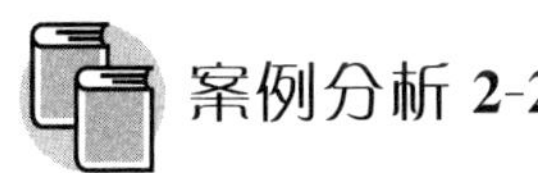

案例分析 2-2

保险公司在明知投保人符合免赔事由的情况下仍然予以承保，应当承担保险责任

【基本案情】某机械公司将其购买的轮式装载机出租给某港口公司，并应某港口公司要求，向保险公司投保了第三者责任险。某机械公司员工在与保险公司业务员沟通投保事宜时，告知设备用于出租且客户指定了保险赔偿额。后因该装载机在出租过程中造成他人死亡，某机械公司向保险公司索赔。保险公司以合同约定保险标的在出租、出借期间造成对第三者的损害赔偿责任，保险人不负责赔偿为由，拒绝赔偿。人民法院经审理认为，保险公司在明知案涉装载机为出租的情况下予以承保，应视为同意对承租人承租案涉装载机时造成的对第三者的损害予以赔偿。

【法官说法】保险合同属于最大诚信合同，投保人应履行如实告知等诚信义务，保险人也应履行提示说明及禁止反言等诚信义务。保险公司在接受投保时未善意提示投保人符合某免赔事由，反而在发生保险事故后又以该免赔事由拒赔，明显有违诚信原则。保险公司在明知投保人符合免赔事由的情况下仍然予以承保，应当承担保险责任。

知识问答

安小保：保博士，通过这讲的学习，我知道了买保险要讲究诚信，不能撒谎。可是我有一个问题：年龄大一些了，身体很多毛病，买保险的时候隐瞒病情，肯定是错误的行为，但如果如实告知病情，是不是保险公司就会因此拒保？

保博士：小保，你的思考很好。如果身体患有疾病，按照诚信原则，投保时一定要如实告知。保险公司根据具体的身体状况来计算交纳保费的高低。风险大，交的保费就高；风险小，交的保费就低。这样才能保证公平。另外，如果身体患有重大疾病，风险较大，保险公司从风险控制的角度出发，确实会拒绝承保。

安小保： 如果这样，这部分生病的人群岂不是买不到保险，得不到保障？

保博士： 确实，身体状况不好的人，买保险的限制比较多。所以，从投保人的角度来看，买保险一定要趁年轻，年轻时身体好，买保险不会被拒保。等到四五十岁的时候，身体查出一大堆毛病，就不好买保险了。从保险公司角度看，为处于风险中的人提供保障，是保险的初心和使命，保险公司也在积极开发新产品，来适合不同的人群。比如你听说过“惠闽宝”吗？

安小保： “惠闽宝”也是一种保险产品吗？

保博士： 是的，它的来历可不简单。就在 2021 年 12 月 20 日，福建省首款定制型普惠商业补充医疗保险“惠闽宝”正式上线发布！“惠闽宝”是由中国人民财产保险股份有限公司福建省分公司、中国人寿保险股份有限公司福建省分公司、中国平安财产保险股份有限公司福建分公司、中华联合财产保险股份有限公司福建分公司、新华人寿保险股份有限公司福建分公司、中国人民健康保险股份有限公司福建分公司、泰康养老保险股份有限公司福建分公司、太平财产保险有限公司福建分公司 8 家保险公司共同承保，并由平安医疗健康管理股份有限公司、福建易联众保睿通信息科技有限公司提供技术服务支持，为福建广大居民量身定制的补充型商业健康保险，一人一年仅需缴纳 129 元，就可以享受最高达 300 万元的普惠健康保障，更有 10 项健康管理服务。这个险种其中一个非常重要的特色就是带病可保可赔付。这个险种对参保人不设年龄限制、不设职业限制、不设既往健康状况限制，参加基本医疗保险且处于正常享受待遇状态的参保职工或居民，均可参保。小保，你看，这个险种就是有病也可以保，为不能享受普通商业健康保险的人群提供保障。

安小保：太好了！那保博士您能买吗？

保博士：当然可以。不设年龄，不论生病与否，价格又便宜，还比不上你的一件衣服的价格，就可以享受最高达300万元的保障。这样的惠民保险，可以多来一些！

安小保：嗯，人民保险为人民，我也要学好保险保人民。

第三讲　认识保险合同，让你后顾无忧

认识保险合同，让你后顾无忧。买保险会涉及许多人，投保人、保险人、被保险人、受益人等；买保险要厘清谁能保、保什么、保多久；保险合同要考虑什么时候生效、什么时候失效、什么时候中止、什么时候终止。本部分将帮助读者把握保险合同要点，让保险成为有效的契约。

引例

投保人熊某某以自己为被保险人与某公司订立了一份A终身保险合同，选择分20年缴纳保险费，年缴保险费为12150元，保险金额为15万元。该保险合同所使用的A终身保险条款第6条“保险金额”约定，每年在生效对应日按保险单所列明保险金额的5%增加保险金额，第7条“保险责任”约定：在保险合同有效期间内，保险人负下列保险责任：自保险合同生效之日起，被保险人生存至每3周年生效对应日，保险人按保险单所列明保险金额的10%给付保险金；被保险人因残疾造成死亡或身体高度残疾，保险人按保险金额给付保险金，本保险合同即告解除；被保险人因遭受意外伤害造成死亡或身体残疾，保险人按保险金额给付保险金，本合同即告解除。

保险公司按照“保险单所列明保险金额的10%”即1.5万元的标准已向熊某某给付了四次生存金。后熊某某认为保险公司计算生存金的标准与保险条款不相符，应根据A终身保险条例第6条约定逐年增加后的保险金额来计算每次领取的生存金，从而诉至法院要求判令保险公司为其增加保险金额，返还生存金27573元。

法院综合A终身保险条款第6条“每年在生效对应日按保险单所列明保险金的5%增加保险金额”，第7条“自保险合同生效之日起，被保险人生存至每3周年生效对应日，保险人按保险单所列明保险金额的10%给付保险金”，原告并未出现因疾病造成死亡或身体高度残疾，或因遭受意外伤害造成死亡或身体残疾的情形，认为原告尚不能按保险条款第6条的“保险金额”来领取保险金，而只能按照保险条款第7条的第一项领取生存金。原告要求判令增加保险金额、返还生存金27573元的诉求，证据不足，其理由不能成立，因而驳回原告的诉讼请求。

以上我们可以看出，买完保险就后顾无忧了吗？并不是！我们必须充分认识保险合同，小心竹篮打水一场空哦！

政策导读

解读五大保险关键词
——从地方两会看2022年保险发力点[①]

中央经济工作会议提出，2022年经济工作要稳字当头、稳中求进。2021年的两会14次提及保险，今年刚刚结束的地方两会上，各地对保险仍然高度关注，《中国银行保险报》梳理发现，主要聚焦在五大领域。

关键词一：养老保险

养老保险是今年地方两会上频繁提及的保险热词。在我国，养老保险分为基本养老保险、企业（职业）年金和商业养老保险三大类，也被称为“三支柱”体系。目前，基本养老保险“全覆盖、保基本”的目标

① 解读五大保险关键词——从地方两会看2022年保险发力点［EB/OL］.（2022-02-24）［2022-04-16］. https://baijiahao.baidu.com/s?id=1725605504055022180&wfr=spider&for=pc.

基本实现，但第二、三支柱养老保险体系尚未健全。为此，不少地区今年将完善二、三支柱养老保险体系建设作为工作重点。例如，安徽提出大力发展企业（职业）年金，健全重特大疾病医疗保险和救助制度；广东提出发展企业年金、职业年金，构建养老保险“三支柱”体系；海南提出完善二、三支柱养老保险制度。

关键词二：长护险

随着我国老龄化进程加剧，长期护理保险（以下简称“长护险”）制度作为一项保障失能人员基本生活的社会保险制度，越来越受到重视。“十四五”规划纲要提出要“稳步建立长期护理保险制度”。《规划》也提出引导商业保险机构加快研究开发适合居家护理、社区护理、机构护理等多样化护理需求的产品。

关键词三：农业保险

重农固本是安民之基、治国之要。发展农业保险是农业产业安全和农民致富的重要保障。从2004年到2022年，每年的中央一号文件都有关于发展农业保险的指导意见。今年的中央一号文件就提出积极发展农业保险和再保险。在今年地方两会上，共有7个省（区、市）对农业保险给予了关注。例如，河南提出创新发展农业保险，实现小麦、玉米、水稻完全成本保险全覆盖。甘肃提出扩大农业保险覆盖面。广西壮族自治区提出全面推进金融服务乡村振兴，深入开展“保险+期货”试点。

关键词四：大病保险

大病保险是一项具有中国特色的保险制度。从2012年的“试点开展”到2015年的“全面实施”，再到2017年走向“大病保险全覆盖”，我国的大病保险制度基本建立。2020年2月，《中共中央 国务院关于深化医疗保障制度改革的意见》又对居民大病保险提出新的要求——“完善和规范”。

关键词五：灵活就业人员保险

近年来，包括快递员、送餐员、网约车司机、网络主播等在内的灵活就业群体日益庞大。数据显示，我国的灵活就业人员已突破2亿。这些灵活就业人员劳动保障问题如何解决？今年地方两会对这一问题给予了高度关注。

例如，四川省政协委员周键建议，建立完善快递员等新就业形态劳动者多层次职业伤害保险体系，包括探索扩大工伤保险参保范围，积极推动职业伤害保险试点，鼓励多种商业保险进行保障，加强职工互助保障工作。民进天津市委会建议，构建新业态从业者在工伤保险、医疗、养老等方面较完善的法律保障机制。

民有所需，我有所应。为了让灵活就业人员更加安心就业，不少地区在政府工作报告中提出了明确要求。例如，广西将健全农民工、灵活就业人员、新业态就业人员参加社会保险。山西提出巩固全民参保扩面成果，全面取消灵活就业人员在就业地参加社会保险的户籍限制。浙江提出推动新型就业形态从业人员参保缴费。

一、认识保险合同中的各种“人”

（一）财力雄厚的保险人

保险人，也叫承保人，通俗地说，就是从事保险业务的法人。我们可以理解为是跟投保人签保险合同并收取保费，在发生合同约定的保险事故后赔付被保险人保险金的保险公司。有一点必须注意：相关法规明确规定保险人必须是法人，公民个人不可以是保险人。但也不是说只要是法人就可以经营保险业。需要走法律流程申请保险牌照，取得经营资格后才可经营，而且还要注意不能从事经营范围外的业务。如果保险人不是法人，那么签的保险合同也无效。如果超越经营范围，则视具体情况确定合同效力。此外，现在市场上联系客户的一般不是保险人本身，而是打着保险公司旗号的大量保险代理人以及保险公司的销售人员。我们在不清楚保险公司背景实力和声誉的情况下，最好不要随便签订保险合同。

各国对保险公司的成立都有严格的限制条件。我国保险人成立的条件，在《保险法》第67条至第69条有规定。

第六十七条　设立保险公司应当经国务院保险监督管理机构批准。

国务院保险监督管理机构审查保险公司的设立申请时，应当考虑保险业的发展和公平竞争的需要。

第六十八条　设立保险公司应当具备下列条件：

（一）主要股东具有持续盈利能力，信誉良好，最近三年内无重大违法违规记录，净资产不低于人民币二亿元；

（二）有符合本法和《中华人民共和国公司法》规定的章程；

（三）有符合本法规定的注册资本；

（四）有具备任职专业知识和业务工作经验的董事、监事和高级管理人员；

（五）有健全的组织机构和管理制度；

（六）有符合要求的营业场所和与经营业务有关的其他设施；

（七）法律、行政法规和国务院保险监督管理机构规定的其他条件。

第六十九条　设立保险公司，其注册资本的最低限额为人民币二亿元。

国务院保险监督管理机构根据保险公司的业务范围、经营规模，可以调整其注册资本的最低限额，但不得低于本条第一款规定的限额。

保险公司的注册资本必须为实缴货币资本。

保险公司不仅设立的条件较高，同时，依法成立的保险公司，也不能随意解散，以充分保障投保人和被保险人、受益人的利益。这在《保险法》第89条和92条有相关规定。

第八十九条　保险公司因分立、合并需要解散，或者股东会、股东大会决议解散，或者公司章程规定的解散事由出现，经国务院保险监督管理机构批准后解散。

经营有人寿保险业务的保险公司，除因分立、合并或者被依法撤销外，不得解散。

保险公司解散，应当依法成立清算组进行清算。

第九十二条　经营有人寿保险业务的保险公司被依法撤销或者被依法宣告破产的，其持有的人寿保险合同及责任准备金，必须转让给其他经营有人寿保险业务的保险公司；不能同其他保险公司达成转让协议的，由国务院保险监督管理机构指定经营有人寿保险业务的保险公司接受转让。

转让或经国务院保险监督管理机构规定接受转让前款的人寿保险合同及责任准备金的，必须防止被保险人和受益人的相关权益受到损害。

（二）缴纳保费的投保人

投保人，也叫要保人，就是和保险人签订保险合同，并按照保险合同负责支付保险费的人。和保险人不同，投保人可以是自然人、法人或其他组织，其与保险人都是保险合同的当事人。

作为保险合同的当事人，认定某人为保险合同的投保人，应该具备以下条件：

（1）必须具备相对的民事权利能力和民事行为能力。

（2）应该和保险标的之间有保险利益。投保人如果对保险标的没有法律规定的保险利益，那就无法和保险人签订保险合同，已签订的保险合同也是无效合同。

（3）应该与保险人签订保险合同，照规定将保险费缴纳于保险公司。

那么，投保人有哪些应尽的义务呢？

投保人是负责交钱的，所以必须按照合同约定向保险公司缴纳保险费，这个自不用说。如果是人身险，可一次性缴清，也可定期支付；如果是财险，通常情况下都是一次性缴纳，若保险公司和投保人协商一致，也可分期支付。此外，在签订合同时，保险公司按照合同规定向投保人询问相关的具体情况时，投保人必须如实告知并及时通知，不得故意隐瞒事实或者因过失而没能履行该义务，否则保险公司可以根据具体情况拒绝承保或者收取更高的保险费，甚至解除保险合同。

在履行义务的同时，投保人也享有相应的权利。

首先，投保人有权要求保险公司的费用必须是合理的、透明的；其次，投保人可以要求保险公司降低保额或者退回相应的保险费（例如减额缴清）；随后，还可以申请合同复效。以分期付款的人身险为例，投保人如果没有及时缴纳保险费，合同效力会中止；但是根据法律法规，自中止之日起两年内，投保人都可以向保险公司申请合同复效；最后，作为“金主”，投保人还可以变更或指定受益人。

（三）享受保障的被保险人

被保险人也叫“保户”，可以是法人或者自然人，是指其财产或者人身受保险合同保障，在合同约定事故发生时或合同期满时享有保险金请求权的人。投保人可以为被保险人。如果是财险，被保险人一般即为投保人。而在人身险中，如果投保人给自己投保，投保人就是被保险人；如果投保人给他人投保，则他人为被保险人。总之，当投保人为自己利益投保时，投保人、被保险人就是同一人。当投保人为他人利益投保时，须遵守以下规定：被保险人应是投保人在保险合同中指定的人；投保人要征得被保险人同意；投保人不得为无民事行为能力人投保以死亡为给付保险金条件的人身保险。但父母为未成年子女投保的人身保险不受此限制，只是死亡给付保险金额总和不得超过保险监督管理部门的规定。

被保险人的成立需要满足以下条件：

（1）被保险人的财产或人身安全应该受到合同保障。在财险合同里，如果发生了合同约定的保险事故导致保险标的受到损害，被保险人能够得到保险人相应的赔付；在人身保险合同里，如果被保险人死伤、得了合同约定的疾病或达到合同年龄期限的时候，保险人必须按保险合同赔付相应的保险金。

（2）被保险人应该拥有保险金请求权。保险金请求权只有在保险合同签订后才诞生，而且必须在合同约定的保险事故发生后才能行使。在财产保险合同里，如果发生的保险事故没有导致被保险人死亡，那就由被保险人来行使保险金请求权；如果被保险人不幸死亡，那么保险金请求权被他/她的继承人继承。在人身保险合同里，如果发生的保险事故没有导致被保险人死亡，也由被保险人来行使保险金请求权；如果被保险人不幸死亡，保险金请求权由被保险人或投保人在合同中指定的受益人行使；没有受益人的，权利就归于被保险人的继承人。

被保险人拥有的权利：能决定保险合同是有效还是无效；根据法律条款指定或变更受益人；在特定的特殊情况下，被保险人也可以享受保险金受益权。

被保险人享受了权利，也要承担相应的义务：在签订保险合同前如实告知的义务；保险事故发生后尽快通知保险公司的义务；提供给保险公司相应的理赔材料的义务；通知保险公司被保险人工作有变动以及保险标的的风险因素改变的义务。

（四）获得赔偿的受益人

受益人，又称保险金领受人，是指人身保险合同里经被保险人或投保人指定，在保险合同约定的事故发生后可以得到保险人的赔付金的人。受益人只拥有权利，不用缴纳保费。投保人、被保险人一般就是受益人。但如果是人身险的死亡保险合同，受益人只能是被保险人以外的第三人。受益人通常在合同中明文确定，没有确定的话，保险金作为被保险人的遗产由被保险人的继承人继承。如果变更受益人，需要及时告知保险人。只有受益人才能享受保险金。如果受益人比被保险人先去世，那么受益权过渡到被保险人身上，投保人或被保险人也可重新指定受益人。

受益人分为不可撤销和可撤销两种。如果是不可撤销的，投保人或被保险人必须事先经过受益人的同意，否则不能变更受益人。如果是可撤销的，投保人或被保险人就能变更受益人或者撤销受益人的受益权，并且无须征得保险人的同意，但要注意及时告知保险人。如果受益人更改而没有通知保险人，那么保险人在给付原受益人后，不需要给付更改后的受益人。

受益人的成立应具备以下条件：

（1）受益人是经被保险人或投保人在保险合同中指定的。被保险人或投保人应在合同里指定受益人，或者指定受益人的方式，比如说确定继承人是受益人。被保险人、投保人并非受益人的话，则受益人应该和他们有相关关系。受益人还能是肚中的胎儿，但出生时必须是活的。投保人指定或变更受益人时应该和被保险人意见一致。受益人可以是不止一人。

（2）受益人应该是独立拥有保险金请求权的人。按保险合同里的规定，受益人不用交保费，且按规定，保险人没有向受益人追保的权利。保险金请求权是保险合同赋予受益人的权利。如果被保险人和受益人是两个人，被保险人因保险事故不幸死亡，保险人就要按照合同规定赔付给受益人保险金。在人身保险合同里，如果只有一个受益人，那么就由其行使保险金请求权且独得所有保险金。受益人不止一个的话，保险金请求权由所有受益人共同行使，享受受益的顺序和份额由被保险人或投保人在保险合同中规定；如果没有规定，则受益人的受益份额都是一样的。

注意，受益人从保险合同生效时并没有赔偿请求权，必须满足被保险人死亡这一条件时才有。被保险人在世时，受益人的赔偿请求权是未行使的权利。受益人的受益权会因一些保险合同规定的事故而失去：受益人比被保险人先去世或消失；受益人主动放弃了受益权；受益人存在恶意危害被保险人生命安全的非法举动。

有的朋友可能会好奇：受益人和继承人有什么区别呢？

尽管受益人和继承人两者的受益都是在他人死亡后，但他们的本质不一样。受益人具备的是保险金请求权，即初始拥有的受益权；而继承人是根据《继承法》，针对被继承人的遗产而言的，享受的是遗产，是继承所得。此外，受益人得到的保险金不需要偿还被保险人逝世前的债务，而继承人必须用继承的遗产偿还被继承人的债务。

（五）牵线搭桥的中介人

不同国家的保险行业发展程度不同，所以不同国家有不同的保险中介人。通常来说，保险合同的中介人主要有保险代理人、保险经纪人、保险公估人这三种。

1. 保险代理人

顾名思义，保险代理人即保险人的代理人，是接受保险人的委托，开发客户，向保险人拿佣金，在一定程度上以保险人名义代理开展保险业务的人。保险代理人可以开展宣传营销、处理投保、出立保单、代收保险费等活动。保险代理制度非常特别，为什么这么说呢？首先，在法律视角上，保险代理人和保险人是同一人；其次，保险代理人知道的所有都被默认为保险人已经知晓；最后，保险代理只能使用书面这一形式。不论单位还是个人都能成为保险代理人，但必须经过保险监督管理机构的同意。

图 3-1　注意区分保险经纪人和保险代理人

2. 保险经纪人

保险经纪人是根据投保人的意愿，作为投保人和保险人的中介，在双方签订保险合同后获得佣金的人，包括保险经纪公司及其分支机构。保险经纪人的劳务报酬由保险公司按保险费的一定比例支付。保险经纪人历史悠久，起源于17世纪的英国，如今在欧美等发达国家已非常普遍。中国目前仍处于初始阶段，发展前景广阔。

3. 保险公估人

保险公估人是指根据相关法规成立，受保险公司、投保人或被保险人的委托处理保险标的的清点，由委托人支付报酬的法人。公估人的基本功能是接受委托人的委托，在勘查保险标的后提交保险公估报告。其因客观公正，不偏袒任何一方，使保险赔付更加容易且合理。

二、保险合同是怎么签订的

保险合同订立的条件是投保人和保险人彼此互相同意，无意见分歧。我国《保险法》第11条规定："订立保险合同，应当协商一致，遵循公平原则确定各方的权利和义务。"按照《合同法》的规定，合同订立是在要约和承诺这两个阶段之后，保险合同的订立也必须经过这两个阶段才行。现在，就让我们一起深入浅出地探讨保险合同的订立程序，方便更好地维护我们的权益吧！

（一）投保人和保险人是怎么"牵手"的

保险合同的成立，有几个基本步骤：要约邀请—要约—反要约……承诺。

在作出承诺的时刻，投保人和保险人对保险合同条款协商一致，保险合同正式成立。

什么叫要约邀请呢？就是希望他人向自己发出要约的意思表示。比如保险公司在电视上打广告，做许多营销活动。

要约的构成条件有：明确表示订立合同的愿望；要约人提出订立合同的基本条款；通知到受要约人。

什么是反要约呢？就是受要约方对收到的要约发表异议。比如保险公司觉得风险较大，要提高保费。

承诺的构成条件如下：由受要约人提出；承诺是无条件的；承诺必须在有效期内作出。比如保险公司出具了保险单，然后送到投保人手中。

我们再来简单总结一下投保人和保险人的“牵手”流程：

（1）投保人提出保险要求，即作出订立保险合同之要约；

（2）保险人同意承保，即作出订立保险合同之承诺；

（3）保险人与投保人就合同条款协商一致。

（4）一般保险合同订立都是以投保单、保险单或其他保险凭证为方式。

（二）投保人的“表白”和保险人的“表态”

在前面的基础上，我们再来详细看一下这些术语的具体意思和流程。保险合同作为合同的一员，其订立流程和其他的民事合同是高度一致的，投保人提出要求和保险人同意两个阶段是必不可少的，这两个阶段就是合同实践里的要约与承诺，又称投保和承诺。

1. 要约

要约也叫“提议”，就是当事人一方向对方表示有意向签订合同。作为有效要约，三个条件必须齐全：要约人有明确无误的表达订立合同的意思；有要约人对合同重要内容的明确意见表达；要约只能对特定的人发出。

例如：小林去便利店买酱油，和服务员说：“我要拿一瓶‘火地’

酱油。”小林的行为即为要约，因为他提出和便利店订立酱油购买合同的愿望，小林就是要约人，便利店是受要约人（服务员是便利店的代表）。

所以，保险合同的要约现在能猜出来了吗？就是填写投保单！投保单就是投保人的书面要约，用来向保险公司作出订立保险合同的申请。投保单是保险人提前印好的，在投保人申请投保或保险人推销保险时发给投保人，由投保人如实填写投保单上的内容并签字后，交给保险人或其中介人。简单地说，保险合同的要约，就是投保人提出投保要求，填写并向保险人提交投保单。所以，保险合同的要约与其他民事合同的要约在形式上有一定的区别。

投保行为里有两个很常见的问题：在投保单上虚假填写；他人代签。这两个问题不管是哪一个，保险人都有可能拒赔。所以，投保人对自己的投保行为要谨慎诚实。

2. 承诺

承诺就是受要约人同意要约的意思表示。即受要约人收到要约人的要约申请后，对要约表示全部接受。比如，要约人提出要购买一瓶酱油，受要约人当即表示愿意以要约人提出的价格卖出这瓶酱油，那么受要约人愿意卖出这瓶酱油的意思就是承诺。承诺必须同时满足这些要求：承诺应该由受约人本人或指定的代理人来向要约人作出；承诺必须是无条件做出的，就是说内容和要约不能有所出入；做承诺必须是在要约有效期内；承诺要按要约要求的方式作出。

保险合同的承诺又称承保，即保险人接受投保人在投保单中提出的全部条件，同意在发生保险事故或约定的条件成立时承担保险责任。通常由保险人或其代理人作出，形式通常是书面形式，也可以为口头形式。保险人在收到投保单后，第一时间严格审核，作出符合保险条件的判断并表达接受投保的意思就是承保，也就是保险合同里受要约人的承诺。其表现形式通常就是向投保人签发保险单或别的保险凭证。

（三）合同成立不等于合同生效

1. 保险合同的成立

在投保人和保险人对保险合同条款协商一致后，保险合同才算成立。《保险法》第 13 条规定：“投保人提出保险要求，经保险人同意承保并就合同的条款达成协议，保险合同成立。保险人应当及时向投保人签发保险单或其他保险凭证，并在保险单或其他凭证中载明当事人双方约定的合同内容。经投保人和保险人协议同意，也可以采取前款规定以外的其他书面协议形式订立保险合同。”

2. 保险合同的生效

保险合同生效是因为合同条款是符合法律规定的，具有法律效力，也就是保险合同能够约束当事人双方。通常来讲，只要是合法订立的合同就拥有法律效力。也就是说，合同成立就生效。但保险合同生效一般都是有附加条件的，附加条件不满足，合同成立了也不生效。保险合同成立后还没有生效，这个时间内发生保险事故的，保险人是没有保险责任的；如果是保险合同生效后再发生的保险事故，保险人就要按照合同约定来负保险责任。保险合同生效的条件通常包括以下几点：

（1）主体合格。即订立合同的双方当事人符合法律规定的条件。具体说，作为保险人，必须是依法能够从事保险业务的机构；作为投保人，则必须具有民事行为能力，并对保险标的具有保险利益。

（2）内容合法。保险合同作为一种民事法律行为，其内容必须合法。只有内容合法的保险合同，才受国家法律的保护，才能达到保险当事人所希望的目的。

（3）合同当事人的意思表示一致。订立保险合同，必须坚持“当事人意思表示一致”这一合同订立的基本原则。

（4）代理订立保险合同，要有事前授权或事后追认。如有书面授权，可以代理订立保险合同。

（5）保险合同必须采用书面形式。

3. 保险合同成立与生效的区别

保险合同的成立只是说明合同当事人也就是投保人和保险人两者的意愿，双方所表达的意思相同，而且没有违反国家相关规定。

保险合同的生效是相关法规对合同成立的承认，反映了保险合同对当事人双方即投保人和保险人双方的约束力。而保险合同不成立是因为投保人和保险人对合同的条款内容存在意见分歧，并不是说合同内容不符合国家相关法规。保险合同订立了，也会存在各种法定原因或约定原因等使得保险合同没有法律效力的情况出现，所以成立的保险合同不一定是有效的合同。

三、保险合同是怎么终止的

在生活中，我们经常会在身边听到或在网络上看到“保险合同终止”这句话。“保险合同终止”至关重要，它是指保险合同成立后由于法定或约定事项发生，导致合同确定的权利义务关系消灭，法律效力完全消失的事实。保险合同终止的原因主要有合同的期限届满、履行完毕、主体消灭等法定或约定事项，而产生的结果就是合同权利义务消灭了。通俗易懂地说就是：因合同到期、赔付责任已完成等原因造成的保险合同终止了。

下面，就让我们一起探讨保险合同是怎么终止的吧！

（一）有效的合同千篇一律，无效的合同千姿百态

保险合同的有效，就是指保险合同符合相关法律法规，当事人双方对合同内容意思表达一致后合法成立。之前学过，保险合同有效和保险合同生效是有着本质区别的。我国法律规定，如果保险合同符合《中华

人民共和国民法通则》记载的相关法律有效条件，当事人有着不受控制的自主行为能力，表达出了没有违法违规或损害社会财产利益的真实想法，那么合同就是有效的。而保险合同的生效必须满足合同附加的条件要求，比如按期缴纳保险费等各种特定条件。所以，保险合同有效是保险合同生效的必要不充分条件，即前提条件。如果保险合同有效，只需满足附加条件，保险合同就生效；但如果保险合同是无效的，就算附加条件全部满足，保险合同也不能生效。

1. 保险合同无效的形式

保险合同的无效是说合同即使成立，也没有任何法律效力。我们站在不同的角度来看，无效合同一般有以下几种形式：

（1）根据无效的程度，保险合同的无效分为全部无效和部分无效这两种。全部无效是因为不符合相关法律法规从而被认定无效，不允许再执行的保险合同，常见的有投保人和保险标的之间没有保险利益的保险合同、有损国家社会公共财产的合同、保险标的是非法的保险合同等。保险合同部分无效是指相关条款的实质无效，而合同除了那些无效条款，别的部分还是有效的，比如出于善意的超额保险，则超额部分无效等。

（2）根据无效的性质，保险合同的无效分为绝对无效和相对无效这两种。绝对无效是指保险合同从成立初始起就没有被法律认可，比如当事人使用恶意行为、欺骗威胁等成立的合同，不符合法律法规、有损国家利益的合同等。而相对无效是指因产生误会和不公平等客观因素导致无效的保险合同。

（3）按照不同的原因来区别，合同无效可分为约定无效和法定无效。约定无效是经合同的当事人双方互相约定。如果出现了符合约定的原因，合同就无效。而法定无效，顾名思义是法律清楚规定的无效。只要出现了法律规定的无效事项，合同就无效。

（4）按照时间来区别，无效可分为自始无效和失效。自始无效是指合同从成立的初始就没有生效的条件，合同自始就不生效。而失效的意思是合同成立后，出现了某些因素使得合同无效，常见的有被保险人对保险标的没有了保险利益，保险合同随即失效。此外，失效也无须当事人表达意愿，失效原因出现的同时，合同立刻失效。

2. 无效保险合同的确认

无效合同通常都是由人民法院和司法仲裁机构来确认的。根据我国保险法、合同法和相关法规，确认合同无效的有以下情形：保险合同的当事人无自主行为能力；保险合同的内容不符合法律法规；保险合同的当事人没有表达真实意思；保险合同损害了国家及人民利益；人寿保险中的死亡保险合同，没有得到被保险人的书面同意并认可保险金额等。

3. 无效保险合同处理的方式

（1）退回财产。保险合同如果认定无效，因为合同是自始无效的，当事人双方必须回到合同未履行的情况下，投保人缴纳的保险费应该从保险人那里退回；相应的，如果发生了赔付，被保险人也应将保险金退给保险人。

（2）赔偿损失。如果无效合同损害了当事人的利益，就要明确责任，由过错方赔偿损失；如果双方都有责任，就彼此赔偿。

（3）追缴财产。如果保险合同损害了国家及人民的公共利益，需要将追缴的财产充公，归为国有。追缴财产有当事人双方已经取得和尚未取得但之前约定的财产；追缴时可以适当保护过失方的利益，但当事人双方都是故意的话，双方财产都要追缴。

（二）合同解除无须多言

在保险合同中，不论是资金力量还是专业素养，保险人都比投保人强太多，所以为了保护投保人，在保险合同解除上法律一般倾向保护投保人，而对保险人的合同解除权限制有加。接下来，我们就一起来学习保险合同解除吧！

保险合同解除，意思就是在没有违反国家法律的情况下，保险合同的双方当事人彼此都同意消灭已有的保险合同效力；也可以是合同当事人一方，按照国家法律或合同里的条款约定单方面解除保险合同。解除权行使之后可以让合同的当事人全部回到合同成立前的初始状态。合同解除之后，多收取的保险金要退回给保险人，如果他人有因责任方导致的财产损失，责任方需要赔偿。注意，保险合同的解除如果是由被保险人的违规行为导致的，保险人无须返还保险费。保险合同解除的形式通常有两种：法定解除与约定解除。

1. 法定解除

法定解除是国家法规授予保险合同当事人的单方解除权。《保险法》第 15 条规定："除本法另有规定或者保险合同另有约定外，保险合同成立后，投保人可以解除保险合同，保险人不得解除合同。"投保人想解除保险合同通常是因为周围环境形式的改变，就是说投保人判断用不到该保险合同了。但有两样特殊情况是法律规定投保人不能解除保险合同的：货物运输保险合同和运输工具航程保险合同，保险责任开始后，合同不得解除；当事人在保险合同中经过协商一致对投保人的合同解除权作出了限制，投保人不能解除保险合同。

以下几种情况下，保险人有权解除保险合同：

（1）投保人故意或大意没有如实告知保险人，能够影响保险人决定还要不要承保或者是否增加保费来承保时。

（2）投保人和被保险人没有尽到保护保险标的的义务。

（3）被保险人没有及时告知保险人危险增加。

（4）在人身保险合同中，投保人虚报了被保险人的实际年龄，而且被保险人实际年龄不在合同约定的年龄范围的，保险人有权解除合同，在厘清费用后，返还投保人缴纳的保险费，但如果合同成立超过了 2 年的除外。

（5）分期缴纳保险费的保险合同，投保人在缴纳了第一期保险费后，没有按规定及时缴纳当期保险费的，合同效力中止。合同效力中止超过2年，当事人双方对恢复保险合同效力仍然没有协商一致的，保险人可以解除合同。

（6）发生了骗保行为后，保险人可以在以下两种情况下解除保险合同：一是明明没有发生约定的保险事故，被保险人或受益人却撒谎说发生了，向保险人行使了保险金请求权；二是投保人和被保险人或受益人主动制造保险事故。但如果是人身保险合同的投保人交满了2年保险费的，保险人必须根据合同约定退还另外的受益人保单的等额现金价值。保险合同的法定解除非常重要，对当事人双方都有重大影响，所以必须使用书面的形式。

2. 约定解除

约定解除也叫协议解除，是说当事人双方在协商一致后同意解除保险合同的法律行为。保险合同的约定解除必须注意以下情况：

（1）不能侵犯国家及人民的公共利益；

（2）货物运输保险合同和运输工具航程保险合同的保险责任开始后，无特殊理由，当事人没有解除合同的权利。

那么，保险合同解除后有什么后果呢？

保险合同解除的后果，是指解除保险合同后对原保险合同的权利义务的溯及力。根据保险法规定，保险合同在下列情况下没有溯及力：

（1）投保人恶意违反如实告知义务的，保险人无须退保险费；

（2）投保人和被保险人或受益人存在骗保而被解除保险合同的，保险人无须退保险费；

（3）投保人请求解除保险合同的，在保险责任开始后，保险人从合同生效到合同解除这段时间里收取的保险费不用返还。

（三）合同中止独此一家

保险合同的中止是指保险合同生效后，由于某些因素造成保险合同暂时失去了法律效力，即保险合同当前处于失效的状态。为什么要设置保险合同中止呢？我们已经知道，人身保险的保险期限相对较长，投保人在此期间可能因为各种各样的原因无法准时缴纳续期保险费。为了确保保险合同双方的权益不受损失，并方便投保人更加灵活地缴费，所以保险法对缴费的宽限期和合同中止作出了特别的规定。在保险合同中止即处于失效状态时，如果保险标的刚好发生了保险事故，保险人没有保险责任，无须赔付。以需要分期缴纳保费的寿险合同为例，投保人在第一次缴纳了保险费，后面没有遵守约定缴纳后续保险费，超过截止日期的，合同效力中止。

那么，哪些情况会导致我们的保险合同中止呢？

1. 宽限期结束仍未按时缴纳保费

通常出现在人寿保险合同中，因为人寿保险合同期限一般较长，所以保费基本上都是分期缴纳的。如果投保人在约定的缴纳时间内没有按时缴纳保费，而宽限期（通常为 60 天）后仍未缴纳，那么保险合同中止。

2. 保险合同的现金价值不够垫交合同的保费和利息

我们要注意，有的保险合同里会有保险人和投保人约定的自动垫交保费条款，当保险合同的现金价值不够垫交投保人要付的保险费和利息时，合同中止。

保险人按条款解除合同的，必须遵守合同约定退回投保人保单的等额现金价值。

人寿保险合同里一般都有复效条款，是由保险人行使保险合同中止和复效而来的。

什么是复效条款呢？投保人在没有按约定缴纳保费导致寿险合同中止后，如果在 2 年内对保险人提出合同复效，保险人核准同意了，投保人可以补交合同中止期间的保费，保险合同就有了中止之前的效力。合同复效后，如果合同中止期间有保险事故的话，保险人没有保险责任。

注意，如果双方在合同中止后两年内没能就复效条款产生一致意见的，保险人可以直接解除合同。解除合同时，投保人如果缴纳了 2 年以上的保费，保险人要退回投保人保单的现金价值；缴纳保费不足 2 年的，保险人必须在减掉手续费后，再退保费。

投保人复效是有一套完整流程的：向保险人申请复效；出具可保证明，如体检报告、健康证明等；缴纳足额保费和其他费用；有保单抵押贷款的，要先还清贷款本息。

对于投保人，复效是比再成立保险合同更好的选择。理由如下：

（1）复效流程更简单方便；

（2）复效交的保费比重新订立合同交的保费更少，因为复效是按之前风险较低的情况确定保费的；

（3）复效时，投保人拥有开始成立合同时的特定保障，而新签合同的话可能就没有这种保障了；

（4）复效有时会得到保险人的福利，但重新成立合同就没有；

（5）合同复效后，之前的保单准备金随即复原；

（6）保险合同中止或失效后，若被保险人不能满足投保年龄限制，就可以通过复效这一方法来再次获得保障。

此外，复效条款也能让保险人受益。因为如果投保人没有按时缴纳保险费，保险人就单方面解除或中止合同的话，对保险人的业务来说显然是不利的。

（四）保险合同变更和终止

1. 保险合同的变更

前面我们一起学习了保险合同中止。您肯定已经注意到了，它和保险合同终止只有一字之差。那么这二者之间有什么区别呢？

别急，我们先来看看保险合同变更。保险合同变更就是在合同存续期内，由于法律法规修改或保险合同约定的保险标的产生变动，以及投保人和保险人商讨一致，导致保险合同的主体和其他产生变更的情况。

（1）保险合同主体的变更。保险合同的主体分为保险当事人和保险关系人两部分。对于不同的保险合同主体，变更也有着不一样的法律法规流程。

投保人的变更，一般为合同的让渡，即在转移财产所有权的时候把保险合同也让渡给该财产受让人。《保险法》第 33 条明确规定，转让保险标的必须及时告知保险人，只有在保险人表示仍然愿意承保后，才能变更合同。

被保险人的变更，只有在财产保险合同中才会出现。如果是人身保险合同，保险标的是被保险人自身的生命安全，这个怎么能变更呢？而在财险合同里，保险标的变更其实就等于投保人的变更，原投保人和保险标的之间的保险利益随保险标的的移转而没有了，可保险利益并没有消失，归为受让人。

受益人的变更，根据《保险法》第 62 条的规定，被保险人和投保人都能变更受益人。保险人在被以书面形式告知变更受益人后，必须在保单上做好备注。投保人必须获得被保险人的同意才能变更受益人。

（2）保险合同客体的变更。变更保险合同客体通常是因为保险标的的价值发生了改变，导致保险利益也随之变化。一般为投保人或被保险人申请变更保险合同客体，在保险人同意后批注完成。保险人一般按照变更了的保险合同客体重新设置保险费率，因此保险合同的权利义务也发生了变化。

（3）保险合同内容的变更。保险合同变更内容，就是不改变保险合同主体，只变更主体的权利和义务。表现形式是保险标的数量变化、价值增减以及储存位置的改变，或者保险期限、赔付金额的变更，或者当事人双方权利义务的修补等。保险合同内容的变更通常由投保人申请。

变更保险合同内容的场景通常有两种：第一，投保人按照自身现实情况申请变更保险合同内容，常见的有改变合同期限、变更保险金额等。如果是这种场景，保险合同内容的变更基本上是由投保人、被保险人主观决定的。第二，投保人按照国家法律申请变更保险合同内容。在执行合同的状态下，因为一些约定事项，投保人需要履行及时告知义务。如果是这种场景，变更保险合同的内容，主要是依据法律法规作出的。

（4）保险合同流程和方法的变更。保险合同变更有通知变更和协议变更两种。

通知变更就是保险合同的变更不用经过保险人的允许，只要告知保险人就算变更完成了。货物运输保险合同的转让就是常见例子。

协议变更就是保险合同的变更必须在投保人和保险人商讨同意后，合同变更才可生效。注意，除了货物运输保险合同，其他保险合同的转让都要经过保险人的允许。

2. 保险合同的终止

保险合同终止就是因为某些特定事故，使得合同当事人双方没有了权利义务。保险合同终止的常见因素有合同到期、已被执行和主体消除等事由，最终就是合同没有了权利义务。

（1）自然终止。就是保险合同到期了，这也是保险合同终止的最常见原因。

（2）因保险人履行赔偿或给付义务而终止。就是在保险合同有效期内，发生了约定的保险事故，合同由于保险人履约，赔付了保险金从而终止。

（3）财险合同由于保险标的消灭而终止。此处保险标的消灭特指除保险事故外的因素导致的保险标的的消灭。如果保险标的是保险事故外的因素消灭的，保险合同随客体的失去而终止。

（4）人身保险合同由于被保险人的死亡而终止。人身险的保险标的是被保险人的生命或身体，该保险利益是经过法律认可的。若是非约定事故导致被保险人死亡，那么这个合同里，投保人就没有保险利益，保险合同也自动终止。

(5) 因保险合同解除而终止。保险合同的解除是指在保险合同有效期未满前，一方当事人按法律或约定解除原有法律关系，提前终止了保险合同的行为。

3. 保险合同终止和中止的区别

(1) 发生的原因不一样。保险合同的终止，除了保险合同解除，一般不存在当事人违约的问题，是合同的自然消灭。而保险合同中止基本上都是因为投保人违约而造成的。例如投保人缴纳首期保险费后，在合同约定时间内没有缴纳后期保险费。

(2) 导致的后果不一样。保险合同的终止，是合同权利义务的彻底消灭，效力恢复无从谈起，当事人如果要维持保险关系必须重新签订合同。而保险合同中止后，如果当事人双方就是否恢复合同效力达成一致，合同是可以恢复效力的。

四、怎样看懂保险合同

生活中，很多人在买了保险之后，面对厚厚的保险合同，经常是大略浏览一遍，看看基本信息就放在一边了。这也难怪。不知道专业的保险知识的话，要看懂保险合同，确实是比较困难的。但是，保险合同是重中之重，不光是为了我们交的保费，更是为了我们自身的保障。我们必须明白怎么看保险合同，否则在面临理赔时，可能会出现重大纠纷。所以，不要害怕保险合同，让我们一起来弄懂它！

(一) 细说保险合同

1. 保险合同概述

保险合同，概括地讲，是保险合同的当事人即投保人或被保险人与保险人约定保险权利义务的协议。

保险合同具有以下特点：保险合同是有偿合同，保险合同是双务合同，保险合同是最大诚信合同，保险合同是射幸合同，保险合同是附合合同。

保险合同可以按照许多标准来分类。书面形式的保险合同有投保单、保险单、保险凭证、暂保单等。

2. 保险合同内容的构成

保险合同的内容有广义和狭义两种，狭义为当事人双方的权利和义务，广义基本包括保险合同的所有细节。我们来看看广义保险合同的内容。

根据法律要素，保险合同的组成部分有：

（1）主体部分。有保险人、投保人和被保险人以及受益人。

（2）权利义务部分。有保险责任和责任免除、保险费和缴纳方法、保险金赔偿及赔付形式、保险期限和保险责任的开始、违约赔偿等。

（3）客体部分。注意，保险合同的客体是保险利益而非保险标的。保险利益就是投保人或被保险人与保险标的之间的利益，是经过法律认可的利益。而保险标的是承载着保险利益的事物。

（4）其他声明部分。包括其他法定批注部分和当事人约定的部分。

3. 保险合同的主要条款

（1）当事人的名称和地址。只有确定了合同当事人的名称和地址，保险合同才能稳定履行。选择保险人和被保险人的名称和地址为保险合同基本条款，其效果是：明确保险合同当事人双方；明确合同权利义务怎么分配承担；防止保险合同的履行地址出错；约定合同纠纷怎么处理。

（2）保险标的。保险标的就是被保险的财产，或被保险人的生命健康，其承载着保险利益。若以财产为保险标的，必须有标的存放位置，通常还有利益关系；若以人的生命健康为保险标的，必须有被保险人的年龄，通常还有被保险人的工作状况、身体状态，不同险种不同情况。把保险标的作为保险合同的基本条款，其效果是：将合同明确分类，定好保险人应承担的责任；审核投保人和保险标的之间有无保险利益及有无道德风险；明确保单价值和保险金；约定合同纠纷怎么处理。

（3）保险金额。保险金额是合同当事人双方共同确定后写在合同上的赔付金额，同时也是保险人应承担的责任限额。保险金额是根据保险人和被保险人之间的权利与义务而定的。保险金额不仅是保险人获得保费的依据，还是赔付的最大金额；而对于被保险关系人来说，要据此交保费，也能知道该保障的最大赔付金额。所以，保险金额在制定保费、履行赔付义务、厘清合同关系等方面，都是必不可少的。

在明确保险金额时，对于保险人的利益和被保险人的利益都要考虑。具体来说，必须考虑下面两个方面：

其一，保险金额不能大于保险标的的实际价值。在财险里，通过财产估值从而确定保险价值。对保险财产估值越低，保险金额就越少，保费也越低，被保险人在保险财产受损害时得到的保障随之也越少。反之亦然。所以，保险金额并不是越大越好。而人身保险则没有这个问题，保险金额是当事人彼此在签合同时商讨一致确定的，通常只受投保人的经济实力和被保险人的身体健康影响。

其二，不能违反保险利益原则。如果所有保险标的都是投保人的，投保人对保险标的有全部的保险利益。若投保人对保险标的只拥有部分所有权，则投保人对保险标的只有相应部分的保险利益。简单地说，不管保险金额是多少，投保人必须具有对保险标的的保险利益。

（4）保险责任和责任免除。保险责任就是发生了保险合同约定的保险事故后，保险人要负的赔偿责任。这样可以明确保险人应承担的责任的界限。责任免除是保险人根据法律法规，无须承担的保险责任，表现形式为责任免除条款。责任条款的作用是清楚划定保险责任，保护保险人的权益，确保公平公正。

（5）保险期间和保险责任开始时间。保险期间就是保险合同生效至终止这一段时间，即保险合同有效期间。而保险责任开始时间就是保险人担责的开始时间，表现形式一般精准到“时”。保险合同成立后，投保人定期缴纳保险费；保险人根据约定时间担责，其正式开始时间经当事人双方协商一致确定。在我国，一般从起保日的 0 点开始，在期满日的 24 点终止。

（6）保险费及其缴纳方法。保险费就是投保人为了得到保障而向保险人缴纳的费用。投保人必须缴纳保险费，具体金额根据保险金额和保险期限以及保险费率而定。我国法律规定，重要险种费率只能由银保监会来定，剩余险种的费率要在国家相关部门备案。保险费的缴纳由当事人双方协商确定，一次缴纳或分期缴纳皆可。

（二）人身保险合同解读

要想读懂保险合同，对基本条款的研究是必不可少的。前一部分我们了解了所有保险合同都具备的基本条款，接下来我们就一起来研究人身保险的基本条款。

1. 不可争条款

不可争条款，也叫不可抗辩条款，就是人身保险合同在正式生效后两年，除非投保人未缴纳保费，否则保险人不能以“投保人没有遵守诚信原则，违反了如实告知义务”等借口宣称保险合同无效。

这个条款的意思是，若投保人投保时没有履行如实告知义务，已经干扰了保险人是否继续承保或是否提高费率的决定，保险人不想承保了的，只能在合同生效两年内解除；超过两年的，就算投保人没有履行如实告知义务，保险人也不能拒绝承保。保单复效时不可争条款也是有用的。从复效开始超过两年的合同同样不可抗辩。寿险合同和长期健康险合同一般都有这项条款。

我国《保险法》第 16 条规定：订立保险合同，保险人就保险标的或者被保险人的有关情况提出询问的，投保人应当如实告知。投保人故意或者因重大过失未履行前款规定的如实告知义务，足以影响保险人决定是否同意承保或者提高保险费率的，保险人有权解除合同。前款规定的合同解除权，自保险人知道有解除事由之日起，超过三十日不行使而消灭。自合同成立之日起超过二年的，保险人不得解除合同；发生保险事故的，保险人应当承担赔偿或者给付保险金的责任。

2. 年龄误告条款

年龄误告条款是指若投保人投保时没有正确填写被保险人的年龄，保险金和保费会依实际年龄重新设置。

人身险合同里，被保险人的真实年龄是设定保险金和保险费率的重要参考因素。通常，保险公司通过精算师的科学计算，来明确承保年龄的范围，不在年龄区间的，拒绝承保。保险公司也会根据被保险人的真实年龄，计算出保险费率。所以，不可抗辩条款也可应用此项条款。

3. 宽限期条款

宽限期条款是指合同约定定期缴纳保险费，投保人缴纳了第一期保险费，但没有及时缴纳后期保险费的，如果合同约定了投保人的宽限时间，保险合同在宽限期内仍然有效。

寿险合同通常为长期合同，经常要交几十年的保费。这么长的时间里，投保人经常会因资金不足或一时忘记等许多原因而没有按时缴纳保费，如果合同没有约定足够的宽限期，可能大量保险合同因此失效。而这对保险人来说，也会影响其业务发展。所以，宽限期条款能让当事人双方都受益。

我国《保险法》第 36 条规定：合同约定分期支付保险费，投保人支付首期保险费后，除合同另有约定外，投保人自保险人催告之日起超过三十日未支付当期保险费，或者超过约定的期限六十日未支付当期保险费的，合同效力中止，或者由保险人按照合同约定的条件减少保险金额。

如果在宽限期内发生了保险事故，保险人也要及时赔付，不过要扣除投保人没有缴纳的保费。

4. 复效条款

复效条款是指投保人在没有按约定缴纳保费导致寿险合同中止后，如果在两年内对保险人提出合同复效，保险人核准同意了，投保人可以补交合同中止期间的保费，保险合同就有了中止之前的效力。合同复效后，如果合同中止期间有保险事故的话，保险人没有保险责任。注意，如果双方在合同中止后两年内没能就复效条款达成一致意见的，保险人可以直接解除合同。解除合同时，投保人如果缴纳了两年以上的保费，保险人要退回投保人保单的现金价值；缴纳保费不足两年的，保险人必须在扣减手续费后，再退保费。

5. 自杀条款

自杀条款是指以死亡为给付条件的人身保险合同，在合同生效后两年内被保险人自杀的，保险人不赔，只需退回投保人缴纳的保险费。如果被保险人是两年后自杀的，保险人必须赔付保险金。

自杀要满足以下两点：被保险人是主动想要自杀的；被保险人自己做了导致自己死亡的举动。两个条件必须同时满足。此外，自杀的被保险人要有民事行为能力，否则不算自杀，而是意外事件。

我国《保险法》第45条又规定：因被保险人故意犯罪或者抗拒依法采取的刑事强制措施导致其伤残或者死亡的，保险人不承担给付保险金的责任。投保人已交足两年以上保险费的，保险人应当按照合同约定退还保险单的现金价值。

6. 不丧失现金价值条款

不丧失现金价值条款，也叫不没收条款，即投保人的寿险合同即使失效，保单仍然具有现金价值。若投保人不能或不愿继续交保费的话，可以决定怎么处置保单的现金价值：可以以现金的形式返还，也可以作为趸缴保险费把原保单变为展期保单。

7. 红利任选条款

寿险保单可分为分红险和不分红险这两种。其中，分红险可以分配红利，红利任选条款规定了怎么领红利。红利有以下几种领取方法：

（1）领取现金红利。

（2）用红利缴纳后期的保费。

（3）不领取红利，红利留在保险公司，让其利生利。

（4）增加保额。以红利为保费，投保和原保单一样到期日的保险。

（三）机动车辆保险合同解读

机动车辆保险是以机动车辆以及机动车辆的第三者责任为保险标的的险种，即车险。

机动车辆保险包括车辆损失保险、第三者责任保险以及附加险。车辆损失险就是发生保险事故导致车辆受损，保险人根据合同约定赔付的险种。第三者责任险就是保险车辆因保险责任范围内的意外事故，致使第三者伤亡或财产受损，保险人根据合同约定赔付的险种。第三者责任险包括交强险和商业第三者责任险。交强险的完整称呼是交通事故强制责任保险，满足要求的机动车辆要强制购买。商业第三者责任险由投保人自行决定是否投保。附加险多种多样，包括机动车损失附加险和责任附加险这两类。机动车损失附加险有自燃损失险、玻璃单独破碎险、新增设备损失险、车身划痕险、他人恶意行为损失险等，责任附加险有车载货物掉落责任险、精神损害赔偿责任险等。

相对其他财险而言，机动车辆保险比较特别，表现在以下方面：

1. 机动车辆保险是不定值保险

机动车辆的价格改变大，容易折旧，所以车辆损失保险要使用不定值保险。最大赔付金以车辆损失的实际价值为限。

2. 机动车辆保险的赔偿以修复为主

保险车辆局部受损时，赔偿一般以修复为主，根据损失的修理费来赔付。

3. 机动车辆保险赔偿方式为绝对免赔

按被保险人在发生事故时的责任大小，约定事故的绝对免赔额，责任越大，免赔额度越大。这项条款可以让被保险人对风险更有防范意识。

4. 机动车辆保险实行无赔款优惠方式

这项的意思就是在机动车辆保险中，如果有保险车辆上年没有发生保险事故，那么续保就可以降低保险费，目的是让被保险人行驶时更加小心，尽量避免发生事故。

现在的车险市场中，保险公司通常采用保险行业协会示范条款，附加企业主动创新条款，扭转了以前车险产品高度相似的情况，适合车主以及客户各种各样的保险需求。

案例分析 3-1

保单未指定受益人的后果

【基本案情】2019 年 3 月，王母以儿子王某为被保险人投保某保险公司的终身寿险（附加人身意外伤害保险），但未指定受益人。保险公司员工就在保单“受益人”栏填写上“法定”二字。2020 年王某与赵女士结婚，婚后生一男孩。2021 年 6 月，王某因遭意外伤害死亡。按合同规定保险公司应给付 10 万元身故保险金。王母与赵女士为保险金归属问题发生了争执：赵女士认为配偶是法定受益人，应该享有保险金请求权；王母认为自己是投保人，保费是自己交的，投保时王某未婚，因而投保时的法定受益人是王某的父母。争执不下，两人为此闹上了法庭。

【典型意义】《保险法》第 39 条规定：“人身保险的受益人由被保险人或者投保人指定。投保人指定受益人时须经被保险人同意。”显然，保险公司是无权在“受益人”栏里填写“法定”的，所填内容也不具有法律效力。而投保人、被保险人均没有在投保单的“受益人”栏指定受益人。根据《保险法》第42条“被保险人死亡后，没有指定受益人，或者受益人指定不明无法确定的，保险金作为被保险人的遗产，由保险公司依照《中华人民共和国继承法》的规定履行给付保险金的义务”的规定可见，本案不是领取保险金的问题，而是遗产继承的问题。保险公司根据《继承法》的相关规定，将保险金作为被保险人的遗产在继承人之间分配。

通过对以上案例的分析可以看出，投保时，最好明确指定保险受益人，以免发生不幸事故之后，再增家庭纠纷。根据《保险法》有关规定，被保险人或者投保人在受益人指定之后，可以通过书面形式向保险公司申请受益人变更。

案例分析 3-2

“好意同乘”情形下驾驶人的赔偿责任
——李某生诉李某发、吴某辉等机动车交通事故责任纠纷案

【基本案情】李某生与吴某辉系多年好友，两人均在同一公司上班。李某生经常搭乘吴某辉的二轮摩托车上下班，吴某辉未收取李某生任何费用。2020年6月2日，吴某辉驾驶摩托车搭载李某生前往上班的途中，与李某发驾驶的重型半挂牵引车发生碰撞，造成李某生、吴某辉受伤及两车不同程度受损的道路交通事故。交警部门认定，李某发负本次事故主要责任，吴某辉负本次事故次要责任，李某生不负本次事故责任。事故发生后，李某生被送往医院治疗，造成医疗费等各项损失合计441859.25元。

【裁判结果】法院认为，本案中，李某发负本次交通事故主要责任，吴某辉负次要责任，李某生不负事故责任。根据事故责任比例酌定李某生的损失由李某发承担70%的责任，吴某辉承担30%的责任。因吴某辉搭载李某生系“好意同乘”的情谊行为，且吴某辉的行为并不构成故意或者重大过失，依据《民法典》第1217条的规定，应当减轻其赔偿责任，故酌定由吴某辉在其应当承担的赔偿责任的基础上减轻40%的赔偿责任。李某生的损失扣除保险公司在交强险限额内承担的60000元后，由吴某辉负担68734.7元［（441859.25元－60000元）×30%×（1－40%）］，余款由保险公司（商业险）及李某发负担。法院最终判决吴某辉赔付李某生68734.7元。宣判后，原、被告均未上诉，判决已经生效。

【典型意义】本案是一起“好意同乘”机动车交通事故责任纠纷案。“好意同乘”俗称“搭便车”，是指驾驶人基于善意互助或友情帮助而允许他人无偿搭乘的行为。“好意同乘”作为一种不以营利为目的，好意施惠的情谊行为，符合友善和谐的社会主义核心价值观，值得提倡和鼓励。“好意同乘”中发生交通事故造成搭乘人损害引发纠纷在现实生活较为常见。《民法典》第1217条规定，非营运机动车发生交通事故造成无偿搭乘人损害，属于该机动车一方责任的，应当减轻其赔偿责任，但是机动车使用人有故意或者重大过失的除外。该条规定明确了“好意同乘”的责任承担，为好意驾驶人适当减轻责任提供了法律依据。本案中，吴某辉无偿搭载李某生系“好意同乘”行为，吴某辉在本次事故中并不存在故意或者重大过失，法院正是依据上述规定，作出吴某辉在其应当承担的赔偿责任的基础上减轻40%的赔偿责任的判决，既保护了受害者的权益，又宣扬了良善互助的社会风尚，有助于社会的和谐稳定。

安小保：博士博士，这个《民法典》案例的两个好朋友最后都没有上诉，真是太好了！那么“好意同乘”的认定有什么注意事项呢？

保博士：有以下两个注意事项：

1. 目的方面。就目的而言，车辆保有人有自己的目的，搭乘人也有自己的目的，一般情况下，两者的目的是不同的。但是，在日常生活中，广泛存在为了相同目的而同乘的情况，如双方结伴旅游、履行共同事务等。目的相同不影响好意同乘的成立。

2. 费用方面。“好意同乘”是无偿的，但不是所有的无偿搭乘都属于好意同乘，比如无偿乘坐专门迎送的车辆，如专门迎送顾客、专门接送学生的车辆。

安爸爸：因为我经常要开车，请问博士，按照交强险条款，保险公司不需要负责哪些赔偿和垫付的损失和费用呢？

保博士：根据你的问题，我罗列一下：因受害人故意造成的交通事故的损失；被保险人的全部财产和被保险车辆上的财产遭受的损失；被保险车辆发生交通事故，导致受害人财产贬值；交通事故导致的仲裁和诉讼费，以及其他各种费用等，保险公司都不需要赔偿哦！

第四讲　拨开云雾见光明，怎样赔偿要认清

拨开云雾见光明，怎样赔偿要认清。买保险会涉及理赔，人身保险理赔和财产保险理赔是不一样的。保险出险，要第一时间报案，经过责任认定，才能确定赔不赔、赔多少。本部分将帮助读者了解保险理赔的全过程。

引例

江苏一客户 2019 年 9 月为其子女投保了××寿保险公司的学生保险。2020 年 4 月，其子女因病住院手术治疗。住院当天，××人寿保险公司工作人员便主动联系客户，并告知公司将提供直付服务，投保人无须提供理赔申请资料。在孩子治疗结束办理结算手续时，客户在出院窗口就完成了××人寿 8693.15 元理赔保险金的结算，直接抵扣住院医疗费。客户连声说："真没想到保险金还能在医院就赔付，××人寿的理赔真是太方便了！"

"理赔直付"是××人寿基于互联网科技和大数据应用，与医保、医疗机构及第三方数据公司合作，将出院与赔付无缝衔接的高效便捷理赔服务。

通过"理赔直付"，客户可以享受到两方面更优质便捷的服务：一是流程优化，无须客户申请，将由××人寿主动启动理赔并智能计算理赔款项，部分地区可在客户出院结款时实时抵扣医疗费；二是服务简化，通过免报案、免申请、免资料、免临柜、免等待，实现客户足不出

户、坐享服务。

保险的本质是保障。发生事故后，保险公司怎么赔？赔多少？重复保险怎么办？第三者原因造成的损失怎么处理？这些疑问，将在以下的学习中得到解答。

政策导读

中国保险行业协会正式发布《保险科技“十四五”发展规划》①

2021年12月29日上午，中国保险行业协会（简称“保险业协会”）在北京正式发布《保险科技“十四五”发展规划》（简称“规划”）。这是保险行业首次以行业共识的方式发布保险科技领域中长期专项规划。

规划内容亮点突出，主要体现为六个方面。

一是首创性。行业首次对保险科技进行中长期规划。在国家“十四五”规划出台之际，保险业协会顺应时代和行业发展需求，按照人民银行和银保监会关于金融科技有关要求，提出制定保险科技“十四五”发展规划设想。规划涵盖了科技战略、科技赋能、业务发展、风险防范、科技基础等科技建设各个层面内容，为保险机构制定自身的科技发展规划提供了良好指导和依据。

二是前瞻性。规划站位高、理念新。规划不仅对保险机构“十四五”期间如何开展保险科技建设工作进行了有针对性的设计规划，还对整个行业依托科技发展提升服务国家战略、服务社会需求、服务民生保障能力做了计划展望，聚焦服务双碳、绿色发展、乡村振兴等国家战略，涉及医疗健康、养老服务、汽车服务、金融服务等重点领域，关注

① 中国保险行业协会正式发布《保险科技“十四五”发展规划》［EB/OL］.（2021-12-29）［2022-01-08］. http://www.iachina.cn/art/2021/12/29/art_22_105718.html.

老年人、残疾人等特殊人群，针对数据共享、信息安全、创新试点等热点问题，结合保险行业自身发展特点和现状，提出了具有保险行业特色的发展理念，发出了自己的声音。

三是客观性。政策依据客观翔实。为了使规划内容更加具有参考性和可操作性，保险业协会面向255家保险机构，涵盖14家集团控股公司、83家财产保险公司、90家人身保险公司、8家再保险公司、42家保险中介机构、18家保险资管公司，开展了广泛而深入的调研工作，获得了真实可靠的第一手数据资料，首次形成了针对保险科技的指标体系。同时，面向银保监会相关部门以及相关高校院所、咨询机构、科技企业等广泛征求意见和建议，在坚持监管规范基础上，充分考虑和吸纳各方建议诉求，形成了符合行业发展实际，更为科学合理的规划内容。

四是操作性。具有可操作性的落实目标。在科学分析行业调研数据的基础上，对标金融行业其他领域发展现状和趋势，根据保险行业自身发展特点和相关指标数据的历年演变规律，围绕科技投入、服务能力、创新应用等方面提出“十四五”期间的具体发展目标。其中在科技投入方面，提出推动行业实现信息技术投入占比超过1%、信息科技人员占比超过5%的目标；在服务能力方面，提出推动行业实现业务线上化率超过90%、线上化产品比例超过50%、线上化客户比例超过60%、承保自动化率超过70%、核保自动化率超过80%、理赔自动化率超过40%的目标；在创新应用方面，提出推动行业专利申请数量累计超过2万个的目标。以上目标的确定，对保险机构在“十四五”期间找准自身发展定位，确定符合自身需要的科技投入、服务能力、创新应用目标，非常具有借鉴意义和参考价值。

五是针对性。重点突出风险防范能力建设。强化贯彻落实党和国家防范化解金融风险要求，在网络安全、数据安全、个人信息保护等相关国家法律法规相继出台大背景下，规划从网络安全、数据安全、外包风险、第三方合作风险、信息系统运营韧性、新技术应用风险等方面提出了针对性的应对举措。

六是差异性。鼓励差异化发展路径。考虑到保险机构在发展进程中由于类型、规模及所处阶段不同，在科技发展方面存在的较大差异，规划明确提出鼓励差异化的发展目标，比如在科技投入方面，提出“十四五”期间大中型保险公司信息技术投入占比超过1%，小微型保险公司投入占比超过1.8%。同时，鼓励保险机构结合自身优势性资源、阶段性需求和具体战略目标制定多元化、差异化的保险科技实施方案，以特色化发展路径推动保险行业协调健康稳定发展。

近年来，随着对党和国家科技创新发展政策的深入贯彻落实，保险机构积极拥抱科技发展，利用先进技术不断提升服务民生和社会发展的能力，同时科技应用也推动了产品设计、销售渠道、核保理赔、客户服务、风险管理等保险全价值链方面深层次的变化。保险科技赋能业务发展成为保险行业高质量发展的必由之路。本次规划的出台，进一步指导和明确了今后一个阶段保险科技发展方向，将有助于保险机构确定自身发展路径，推动数字化转型，创新业务模式，提高服务质效，切实提升服务国家战略、服务社会需求、服务民生保障的能力。

一、保险出险不慌张，事故认定说了算

（一）近因原则

我们先看一个案例：2003年7月5日18时，某县城阴云密布，降特大暴雨，许多树木被风吹折，多条电线杆被刮倒，以致全县发生停电。当日晚21时，李某骑车回家途经一条小马路时，被一根横卧路面的电线杆绊倒后触电，当场死亡。我们思考一下，造成陈某死亡的真正原因是什么？

上述案例中，陈某的死亡，表面上看与暴雨、电线杆被风刮倒、供电局过失甚至陈某运气不好都有关系，但什么才是导致陈某死亡的最直接的原因呢？要判断这个案例，就要用到下面要介绍的近因及近因原则。近因原则的内容可以总结成以下几句秘诀，学习掌握了，就可以顺利找出近因。

事故原因如何定，关键就在找近因；

单一原因无争议，众多原因找关系。

原因之间无关系，就看谁起主作用。

原因之间事故链，就看开头第一件。

保险公司赔不赔，就看近因它是谁。

先看第一句：事故原因如何定，关键就在找近因。导致事故发生的原因有很多，我们要抓住那个最主要的原因，也就是近因。近因是指造成损失的最直接、最有效、起主导性作用的原因。比如某学生平时不认真学习，考试前太晚睡觉，导致次日考试时犯困，最终考试不及格。那么对其考试不及格起决定性作用的应该是平时没有好好学习，而不是考试前太晚睡觉引致的犯困。在这里，平时不认真学习是其考试不及格的近因。

再看第二句话：单一原因无争议，众多原因找关系。意思是说如果导致事故的原因只有一个，那很简单，近因就非他莫属。但如果有多个原因凑在一块呢？那就要看看众多原因之间是什么关系了。第一种情况，原因之间无关系，就看谁起主作用。起最主要作用的原因就是近因。举个例子，某地需要修建能够防止 50 年一遇洪水的防洪大堤，结果施工队伍施工过程中偷工减料，修建的防洪大堤只能阻挡 20 年一遇的洪水。某天发生了 30 年一遇的洪水，就把防洪大堤冲垮了，造成了人民财产的损失。这种情况下对损失起决定性作用的就是施工队偷工减料，施工队偷工减料是损失的近因。但如果案例稍微换一下，假设发生的是百年一遇的特大洪水，这个时候对损失起决定性作用的就是洪水了，洪水是损失的近因。因为这个时候就算施工队严格按标准修建防洪大堤，也无法阻挡百年一遇的洪水。所以说：原因之间无关系，就看谁起主作用。

如果原因之间有关系，构成了前后相连的事故链呢？则最初的那个原因就是近因。构成事故链时必须注意，前一个事件和后一个事件必须有紧密的因果关系，这样才能构成前后相连的事故链。所以说：原因之间事故链，就看开头第一件。

我们为什么要找近因呢？是因为保险公司赔不赔，就看近因，其他原因都不看。这就是最后一句话：保险公司赔不赔，就看近因它是谁。如果近因属于被保风险，保险人就应负赔偿责任；如果近因属于除外风险或未保风险，则保险人不负赔偿责任。

把这几句近因判断的口诀拿到实务中试一试。

案例一：火灾导致房屋损失。这是单一原因所致损失。可以用第二句口诀：单一原因无争议。这个唯一的原因即火灾就是近因。接下来最后一句口诀：保险公司赔不赔，就看近因它是谁。因为火灾属于企业财产保险的保险责任，则保险公司应该承担赔偿责任。

案例二：皮革和烟草两样货物，装载于船舶的同一货舱中，船舶在航行途中遭遇恶劣气候，海水浸湿了皮革，湿损的皮革腐烂发生浓重气味，将烟草熏坏。在这里有多种原因，我们就想到了："单一原因无争议，众多原因找关系。原因之间无关系，就看谁起主作用。原因之间事故链，就看开头第一件。"本案例原因众多，彼此有关系吗？有！烟草是被腐烂皮革散发出的气味熏坏的，而皮革发生腐烂是被进入货舱的海水浸湿所致。在这个事故链里面，第一个发生的是海难，所以近因是海难。好，再用最后一句秘诀"保险公司赔不赔，就看近因它是谁"，因为这里的近因海难属于海上保险的保险责任，故保险人应负赔偿责任。

接下来，对本节开篇的案例进行分析。案例中陈某死亡的近因是供电局工作过失。虽然从时间顺序上看先有暴风雨，然后电线杆倒地，最后陈某触电身亡。但电线杆倒地与陈某触电身亡之间并没有因果关系。为什么呢？注意看时间，从下午 6 点停电到晚上 9 点陈某身亡，中间有将近 3 个小时的时间，但供电局在这段时间内没有采取有效措施来避免行人触电事故的发生，因此，供电局过失才是陈某死亡的近因。或者换个角度思考，假如电线杆倒地的时候陈某恰好经过，被从天而降的电线绊倒从而触电身亡。在这种情况下，由于事发突然，没有足够的时间来让供电局采取相关措施，因此，这时陈某死亡的近因就是暴风雨。

（二）财产保险的保险责任

近因原则可以帮助我们认定事故的原因。最终保险公司要不要承担保险责任，要看该近因是否属于保险责任。下面介绍几个常见险种的保险责任和除外责任。

1. 家庭财产保险的保险责任和除外责任

家庭财产保险主要保障的是房屋和室内财产，火灾、爆炸、盗窃这几个意外事故和雷击、洪水、暴风暴雨等自然灾害通常属于保险责任。而战争、被保险人故意行为、地震等通常属于除外责任。这里要注意的是盗窃，在有的保险公司的家财险条款里，它属于保险责任，有的则属于除外责任，以保险条款为准。

2. 企业财产保险的保险责任和除外责任

企业财产保险的保险责任和除外责任，与家庭财产保险类似。企业财产保险分为基本险和综合险。基本险的保险责任仅仅包括火灾、爆炸、雷击、飞行物体坠落、“三停”损失以及施救费用。而综合险的保险责任是在基本险的基础上，增加了暴风暴雨、洪水、冰雹等十多种自然灾害。

3. 机动车辆保险的保险责任和除外责任

机动车辆保险包括了机动车损失险、交强险以及机动车辆商业第三者责任险。其中，机动车损失险的保险责任在企业财产保险承保的火灾、爆炸、洪水等基础上，增加了碰撞、全车盗抢、玻璃单独破碎、自燃、发动机涉水等常见风险。交强险属于强制保险，其除外责任较少，仅仅包括驾驶人未取得驾驶资格、驾驶人醉酒驾驶、故意造成交通事故等几种情况。

（三）人身保险的保险责任

人身保险包括人寿保险、意外伤害保险和健康保险三大类。下面分别介绍这三大保险的保险责任。

1. 人寿保险的保险责任

人寿保险是以被保险人的生存或死亡为保险事故的人身保险。也就是说，只要不是自杀、违法犯罪过程中造成的死亡，一般意外和疾病导致的死亡都属于保险责任。

图 4-1　自杀自残不赔付

2. 人身意外伤害保险的保险责任

人身意外伤害保险中被保险人遭受意外伤害事故造成死亡或残疾时，保险人承担给付保险金责任。而如何判断事故是否属于意外呢？通常指在被保险人没有预见到或违背被保险人意愿的情况下，突然发生的外来致害物对被保险人的身体明显、剧烈地侵害的客观事实。这里包括三层意思：（1）必须有客观的意外事故发生，且事故原因是非本意的、外来的、剧烈的、非疾病的；（2）被保险人必须有因客观事故造成死亡或残疾的结果；（3）意外事故的发生和被保险人遭受人身伤亡的结果之间存在着内在的、必然的联系，即意外事故的发生是被保险人遭受伤害的原因，而被保险人遭受伤害是意外事故的后果。

3. 健康保险

健康保险是以被保险人的身体为保险标的，保险人对被保险人因疾病或意外事故或生育等所致伤害时的医疗费用支出或因疾病、伤害丧失工作能力导致收入减少承担保险赔偿或给付责任的一种人身保险业务。健康保险包括医疗保险、健康保险、收入损失保险、长期护理保险等。构成健康保险所指的疾病必须具备以下三个条件：第一，必须是由于明显非外来原因所造成的，由于外来的、剧烈的原因造成的病态视为意外伤害，而疾病是由身体内在的生理的原因所致。但若因饮食不慎、感染细菌等引起的疾病，则不能简单视为外来因素，因为外来的细菌还是经过体内抗体以后，最后才形成疾病的。第二，必须是非先天性的原因所造成的。健康保险仅对被保险人的身体由健康状态转入病态承担责任。由于先天原因使身体发生缺陷，例如视力、听力的缺陷或身体形态的不正常，不能作为疾病由保险人负责。第三，必须是由于非长存的原因所造成的。人在机体衰老的过程中，也会显示一些病态，这是人生必然要经历的生理现象。对每一个人来讲，衰老是必然的，但在衰老的同时，诱发出其他疾病却是偶然的，需要健康保险来提供保障。而属于生理上长存的原因，即人到一定年龄以后出现的衰老现象，则不能称之为疾病，也不是健康保险的保障范围。在实务中还要注意，某类疾病是否属于保险责任，还要参照该险种的保险条款来最终确定。

二、发生事故赔多少——财产保险

（一）损失赔偿有原则

发生保险事故后，保险公司应该赔多少钱呢？我们先来看一个案例，思考在以下三种情况下，保险公司应该赔偿赵某多少钱。

（1）赵某为自己价值5万元的新车投保了机动车辆损失险，保险金额为5万元。某日发生保险责任范围内的事故造成车辆损坏，支出修理费用1万元。

在这里，虽然赵某在保险公司购买了保险金额为5万元的保险，但因为实际损失只有1万元，所以保险公司补偿赵某的损失，赔偿1万元。

（2）假设保险金额为3万元，保险事故发生时该车的实际价值为5万元，事故造成车辆完全损毁。

在这里，虽然车辆的损失为5万元，但是很遗憾，赵某在保险公司只购买了3万元的保险，也就是没有为车辆全额投保，所以保险公司也只赔偿3万元。

（3）假设该车是赵某与钱某共有的车辆，价值5万元，保险金额为5万元。保险事故造成车辆完全损毁。

这种情况下，车辆损失5万元，也为车辆全额投保了，保险公司应该赔偿赵某5万元了吧？确实，保险公司应该赔偿5万元，但这5万元是给赵某和钱某共有的，对于赵某来说，对车辆只有一半的利益，所以赵某只能获得一半的赔偿也就是2.5万元，另外一半支付给钱某。

好，通过上面三种情况的思考，我们是不是感觉到似乎已掌握保险公司赔偿金额的规律了？这个规律就是保险原则中的损失补偿原则。损失补偿原则是指当保险事故发生造成保险标的毁损致使被保险人遭受经济损失时，保险人在责任范围内对被保险人所受的实际损失进行补偿。

只有在保险期间内保险事故发生造成保险标的毁损致使被保险人遭受经济损失时，保险人才承担损失补偿的责任。这是损失补偿原则质的规定。

从量的方面来说，被保险人可获得的补偿量，不能使被保险人通过保险获得额外的利益。这是损失补偿原则量的限定。这句话的意思是说，保险最多填坑——填补好你的损失，但绝不会让你获益！

在实务中，如何对损失补偿原则量的方面进行限定呢？具体而言，有三个限定：以保险利益为限，以实际损失为限，以保险金额为限。之所以有第一个限定，是因为按照保险利益原则，被保险人从保险人处获得的赔偿不能超过其保险利益，以防止被保险人从中获益。第二个限定，以实际损失为限，即保险人的补偿不能让被保险人通过保险获得额外的利益。而第三个限定，由于保险金额是保险人承担的最大责任额，即使实际损失超过了保险金额，保险人赔偿只能以保险金额为限。

图 4-2　补偿原则量的规定

为什么在保险实务中要坚持损失补偿原则呢？

比如刚刚案例中的第一种情况，损失了 1 万元，如果保险公司赔 5 万元，被保险人获益了。那被保险人是不是希望这样的事故多来一点，每当发生一次事故，就可以赚 4 万元？有事故就赚，没事故也要制造事故来赚！所以，很显然，损失补偿原则的规定可以真正发挥保险的经济补偿职能，避免将保险演变成赌博行为，防止诱发道德风险。

所以说，保险赔偿有原则！

（二）比例赔偿最科学

损失补偿原则规定了实际损失、保险金额、保险利益三个限额，但不能简单理解为保险人的赔偿额就是三者中最小的一个。

举个例子，某企业将其机器投保了企业财产保险，保险金额为40万元，某天因为保险事故导致标的发生了10万元的损失，发生事故时标的的实际价值为80万元，则保险公司的赔偿额应为多少？

能不能简单理解为按这里最少的数字10万元赔偿呢？不行！为什么？因为这里价值80万元的标的，你只保了40万元，即一半。既然只保了一半，凭什么损失全部由保险公司赔偿？

有个科学的方法，按比例赔！按承保比例，也就是保险金额与保险价值的比例。比如这里的承保比例是50%，那么保险公司就赔偿损失的50%，也就是5万元。

这里，就有以下公式了：

$$赔偿金额=损失金额\times\frac{保险金额}{保险价值}$$

公式里面，保险金额/保险价值就是承保比例。我们分析一下：

（1）承保比例如果是100%，也就是承保比例是1时，那么赔偿额就等于损失金额。像这种百分百承保的保险，叫做足额保险。足额保险下，损失全部由保险公司承担，损失多少赔多少。

（2）承保比例如果小于1，比如40%，那么保险公司承担损失的40%；如果承保比例是80%；那么保险公司承担80%。总之保得越多，赔得越多，这很科学。

（3）承保比例如果大于1呢，比如承保比例是2，套入公式，意味着保险公司要赔两倍的损失额？很显然，这不合理。如果承保比例大于1，意味着保险金额超过标的的价值，这种我们称之为超额保险。如果是超额保险，就不能直接套用这个公式了，规定是超额保险不超赔，按足额保险赔。也就是承保比例不能大于1，如果大于1，就按1计算。

所以大家记住，买保险时保险金额不要超过保险标的的价值，超过是没有意义的。

（三）定值保险

在上面比例赔偿的公式中，保险价值是指发生事故时标的的价值，也就是这个值是不确定的，随市场行情发生变化。这是一个合理的规定。

但对于一些特殊的标的，比如古玩、字画、船舶等，其价值是不易确定的。比如典型的海上货物运输中，由于运输货物的价值在不同的时间、地点可能差别很大，发生事故时再来确定标的的价值，就容易引起纠纷。

所以，对于这类价值不容易确定的标的，可以采用定值保险。定值保险中标的的保险价值由投保人和保险人事先约定并在保险合同中载明，当保险事故发生时，不论保险标的的实际价值如何，都按照事先约定的为准。

图 4-3　定值保险

实务中，如果保险人对保险标的缺乏经验或专业知识，投保人就可能过高地确定保险标的的价值，谋取不正当利益。比如几百元的花瓶估值几千万元进行投保，保险公司要是不懂就会亏死。所以为了避免损失，保险人对订立定值保险合同多持谨慎态度。

（四）免赔额

思考这么一种情况：比如保险事故造成房屋100元的损失，要不要找保险公司索赔？如果索赔，投保人和保险人双方付出的精力估计远远超出这笔损失，况且这个小损失投保人完全有能力自己承担。因此，财产保险中，就有了免赔额的规定，保险人对免赔额以内的损失不予负责，而仅在损失超过免赔额时才承担责任。

比如规定免赔额是1000元，如果你损失800元，保险公司不负责。如果你损失1800元，那先扣除免赔额1000，剩余800元的损失由保险公司按照承保比例计算赔偿。

好了，这就是这节财产保险赔偿的主要内容。

损失赔偿有原则，比例赔偿最科学。

定值保险定值保，超出免赔才有赔。

三、发生事故给多少——人身保险

（一）寿险给钱最直接

财产保险中，发生了保险事故后，依据的是损失补偿原则。但人身保险不一样，不适用损失补偿原则。因为人的生命和健康是无价的，不是按照损失来计算补偿额。在人身保险中，发生事故后保险公司给的钱不叫赔偿，而是叫作给付保险金。那人身保险支付保险金的数额怎么计算呢？我们分险种了解一下。

先看寿险。大部分情况下，寿险保险金的支付金额计算很简单——保险金额是多少就给多少！寿险保的是死亡或者生存。如果是死亡保险，在保险期内发生保险事故——被保险人死亡，那么保险公司直接按照保险金额支付死亡保险金。

如果是生存保险，被保险人生存至保险期结束，那么保险公司直接按照保险金额支付生存保险金。也有的生存保险是分期支付保险金的，那就按合同里面约定的金额支付即可。

另外还有分红保险，除了发生事故后给付保险金，平时还可以享受分红。而投资连接保险，可以享受投资的收益或者承担投资的亏损。

但不管是以上哪一种，生存保险金或者死亡保险金基本都是按照合同约定的保险金额支付，对照保险条款，计算起来很简单。

举个例子，如表 4-1 是某寿险有关保险金给付的约定，可以看出要么就按所交保费支付保险金——当一年内因病身故，要么就按保额支付保险金——意外身故或者一年后因病身故。

表 4-1　某寿险有关保险金给付的约定

某寿险合同中身故保险金的给付	投保 1 年内，被保险人因疾病身故，保险公司按所交保费给付身故保险金，合同终止。
	被保险人因意外身故，或投保 1 年后因疾病身故，保险公司按保额给付身故保险金，合同终止。

再看一个生存保险的例子。如表 4-2，某险种对于生存保险金规定如下：60 岁之前，每两年支付保险金额的 8%；60 岁之后，每年支付保险金额的 10%。这两项都是给付到被保险人死亡或者保险期限结束为止，计算也很简单！

表 4-2　某寿险生存保险金的规定

某寿险生存保险金的规定	本合同生效日起至被保险人年满六十周岁后的首个保险单周年日期间，被保险人生存每满两个保险单年度，保险公司按基本保险金额的 8%向被保险人给付生存保险金。
	被保险人年满六十周岁后的首个保险单周年日之后至本合同保险期间届满之前，被保险人在每一保险单周年日生存，保险公司按基本保险金额的 10%向被保险人给付生存保险金。

好，这就是寿险中支付保险金的计算——寿险给钱最直接！

（二）疾病给钱有讲究

健康保险保的是人的健康，就是人生病了，保险公司支付保险金。支付多少有讲究，不同的保险有不同的规定。健康保险可以分为以下四类：

第一类，医疗保险。按照生病后治疗费用的多少来支付保险金，疾病治疗费用越高，保险公司给得越多。当然，不一定是百分之百，具体看合同约定。这类险种的保险金计算是人身保险里面最复杂的。

第二类，疾病保险。一般是定额给付。如果生病了，而且这个病是属于保险责任范围内的疾病，那么保险公司直接按照合同约定的保险金额支付，这个跟治疗费用多少没有关系。计算方法也相对较简单。

第三类，收入保障保险。这个险种是补偿生病期间无法正常工作造成的收入损失，其补偿额是对照损失额，依据合同约定计算的。

第四类，长期护理保险。当被保险人病后需要护理时，保险人根据合同约定的额度和护理期限来计算支付的保险金。

举个例子，如表 4-3 所示，住院津贴保险金按照每日固定津贴额×住院天数计算；而重大疾病保险金，只要确诊了保险合同中约定的疾病，直接按照保险金额支付保险金。这两者的计算都很简单。

表 4-3　某健康保险中对于保险金的规定

住院津贴保险金	如果被保险人因病住院治疗，按以下方法计算并给付住院津贴保险金： 每次住院津贴保险金＝本合同约定的每日住院津贴金额×每次住院天数
重疾保险金	若任何被保险人于等待期后，首次发病并被专科医生确诊患有本条所列的疾病，保险公司将依据保险单所载本合同项下该被保险人所对应的保险金额给付保险金。

这就是生病后，健康保险保险金的给付额计算。疾病给钱有讲究！

（三）意外给钱看等级

如果是意外伤害险，保险公司支付的保险金怎么计算？“意外给钱看等级”，这个等级指的是残疾等级。意外伤害险保障的是意外造成的身故或者残疾。如果是身故，身故保险金的计算跟前面介绍的寿险一样，直接按照保险金额给付，很简单。但意外伤害险对残疾也要支付残疾保险金，其金额跟残疾等级相关。市场上还有一类意外伤害医疗保险，对意外造成的医疗费用也进行赔偿，这个跟前面的医疗保险差不多。

所以，我们这里主要看第二种即残疾保险金的计算。

残疾保险金＝伤残等级对应的赔偿比例×保险金额

我国《人身保险伤残评定标准》将人身保险伤残程度划分为一至十级，一级最重，十级最轻，不同等级的伤残等级对应的赔偿比例如表4-4所示，按照一个等级相差10％的比例变化。比如某人意外造成伤残，等级为六级，那保险公司支付的保险金就是保险金额乘以对应的50％；如果伤残等级为一级，就按保险金额的百分百支付。

表 4-4　伤残等级与赔偿比例

伤残等级	一	二	三	四	五	六	七	八	九	十
赔偿比例/％	100	90	80	70	60	50	40	30	20	10

如果想了解特定情况下对应的是哪个伤残等级，可以查找《人身保险伤残评定标准》，里面有非常详细的介绍，对于身体各个部位包括眼球、心、肺、脾、四肢受到损害对应的伤残等级都有非常详细的规定，甚至详细到不同的手指不同的指节都有不同的规定。

好了，以上就是人身保险的保险金计算。

人身意外怎么赔？

寿险给钱最直接，
疾病给钱有讲究，
意外给钱看等级。
事故不同要辨明，
分类计算才轻松！

四、重复保险不多赔

（一）重复保险如何赔

先看一个案例：李某就其汽车为保险标的分别向甲、乙、丙三家保险公司投保了机动车辆损失险，保险金额分别为10万元、15万元、5万元。在保险期限内发生保险事故，造成车辆全部损失，已知保险车辆的保险价值为12万元。问：三家保险公司都要赔偿吗？如果都要，赔偿多少？会不会违反损失补偿原则？

我们先假设各家保险公司都要各自赔偿，按照损失补偿原则，可以算出甲、乙、丙三家保险公司分别应该赔偿10万元、12万元和5万元，三家保险公司的赔偿总和为10＋12＋5＝27（万元）。这远远超过保险标的的价值，违反了损失补偿原则里不能让被保险人获益的要求。那应该怎么赔偿呢？

其实，这里构成了重复保险，必须由三家保险公司来共同分摊损失。

什么叫重复保险？重复保险指投保人就同一保险标的、同一保险利益、同一保险事故分别向两个或两个以上的保险人订立保险合同，且保险金额总和超过保险价值的保险。

怎么理解呢？看看以下几种情况，我们来分析分析是否属于重复保险。

情形一：甲企业为其厂房向A保险公司投保了企业财产险的基本险，第二天又为其工厂的机器设备向B保险公司投保了企业财产险的基本险。

情形二：甲企业为其产品向A保险公司投保了企业财产险的基本险。为甲企业负责保管其产品的乙企业也为这些产品向B保险公司投保了企业财产险的基本险。

情形三：甲为自己的房屋向A保险公司投保了家庭财产保险，之后又为其向B保险公司投保了地震险。

情形四：甲为自己的汽车向A保险公司足额投保了机动车辆损失险，保险期限为2007年5月20日至2008年5月19日。过后不久，又向B保险公司足额投保了机动车损失险，保险期限为2007年6月20日至2008年6月19日。

现在来分析一下。

情形一，不是重复保险。因为保险标的不同，一个是厂房，一个是机器，发生事故后各赔各的，赔偿不重复，不构成重复保险。

情形二，也不是重复保险。因为保险利益不一样，一个是甲对标的的保险利益，一个是乙对标的的保险利益，不会赔给同一个人，也不构成重复保险。

情形三，也不是重复保险。因为一个保的是火灾、爆炸、雷击等风险，一个保的是地震风险，保险事故不一样，不会同时赔偿，所以也不是重复保险。

情形四，两家保险公司，其保险标的、保险利益、保险事故都是一样的，而且因为是足额投保，所以保险金额之和是两倍的保险价值，从2017年6月20日至2018年5月19日构成了重复保险。

如果是重复保险，各家保险公司就应共同分摊赔偿额。那么，怎么分摊呢？是平分？还是按保险公司承保金额来分摊？按保险公司承保的金额来分摊是最合理的。保险人如何分摊损失后的赔款，各国做法有所不同，但目前最常见的也是我国采用的分摊方法，就是按照各家保险公司的承保金额来分摊，这种方法称之为比例责任制。

$$\text{某保险人的赔偿额}=\text{损失额}\times\frac{\text{该保险人的保险金额}}{\text{所有保险人的保险金额总和}}$$

比如刚开始的例子，三家保险公司分别承保的保险金额为 10 万元、15 万元、5 万元。保险金额总和为 30 万元，所以甲应该分摊 12 万元损失中的 10/30，乙分摊 15/30，丙分摊 5/30，计算出来分别是 4 万元、6 万元和 2 万元。

重复保险分摊的方法还有限额责任制、顺序责任制等，在我国实务中均没有采用，这里就不多介绍。

（二）为什么有重复保险

通过重复保险要分摊的这种安排，可以防止被保险人利用重复保险在保险人之间进行多次索赔，获得多于实际损失额的赔偿金，从而确保了损失补偿原则的顺利实现，也使得各家保险公司能够公平分摊责任。

重复保险中不会给被保险人带来额外的赔偿，那为什么投保人还要向多家保险公司投保？原因有三。

（1）投保人的疏忽。比如某企业给每位员工购买了家庭财产保险，由于疏忽，某员工自己又购买了家庭财产保险，这就有可能构成重复保险。

（2）追求更大安全感。投保人由于对保险的不熟悉，认为保得越多，赔偿额就越高，获得的保障也越足。

（3）企图谋取超额赔款。投保人主观上出于恶意，故意从多家保险公司分别购买保险，同时对保险公司隐瞒已经在其他保险公司购买保险的事实，企图谋取超出其实际损失的赔款。

换句话说，重复保险的出现要么就是不懂得保险常识，导致重复保险；要么就是居心叵测，想瞒天过海，重复索赔获利。对于前者，建议多学学保险知识；对于后者，建议讲究诚信，如实告知。随着各家保险公司之间信息共享越来越顺畅，想通过恶意重复保险谋取超额赔款的风险也越来越大。

（三）人身保险和重复保险不相逢

人身保险适用重复保险分摊原则吗？按照保险学原理，损失补偿原则主要适用于财产保险等补偿性保险合同，对于人身保险等给付性保险合同是不适用的，原因是人身保险的保险标的是无法估价的，即人的生命或身体机能，其保险利益无法估价，作为损失补偿原则派生出来的重复保险分摊原则，自然也不能适用于人身保险。

按照我国《保险法》的规定，重复保险条款只出现在“财产保险合同”部分，也说明了人身保险不适用重复保险分摊原则。

所以，在人身保险中，各家保险公司各自支付保险金，不用管其他保险公司赔多少。

比如甲在A、B两家保险公司分别为自己买了500万元保险金额的寿险。那么甲身故后，A、B两家保险公司分别支付500万元保险金，合计1000万元，不用分摊。

但是，提醒一下，不是所有的人身保险都是给付性质的，部分健康保险和意外伤害保险对住院费、手术费、医药费等，按照费用的多少进行补偿，具有补偿性质。如果也是按刚刚讲的寿险一样，多家保险公司都进行赔偿，那么被保险人获得的保险金将超过其医疗费用支出，获得了额外利益。所以，有人认为具有补偿性质的健康险或意外险适用重复保险分摊原则。

在实务中怎么操作呢？在实务中，保险公司对多家保险公司共同承保同一被保险人的健康险或意外险赔偿采取的做法是：首先接到被保险人索赔的保险公司根据被保险人实际发生的医疗费用支出，按照保险合同约定的给付标准计算给付数额，给付金额不能超过实际发生的医疗费用金额；如果第一家保险公司赔偿后，医疗费用没有全部得到赔偿，则剩下的由第二家保险公司进行赔偿。

也就是看你的心情，你看哪家保险公司最“顺眼”，就先向哪家保险公司索赔。

好了，重复保险就讲到这里。让我们记住：

重复保险要分摊，关键要把保额看。
共同保险要区分，齐心协力共担当。
人身保险不一样，死亡给付各自偿。
医疗赔偿不重复，损失补足心喜欢。

《中华人民共和国保险法》中重复保险的规定

第五十六条　重复保险的投保人应当将重复保险的有关情况通知各保险人。

重复保险的各保险人赔偿保险金的总和不得超过保险价值。除合同另有约定外，各保险人按照其保险金额与保险金额总和的比例承担赔偿保险金的责任。

重复保险的投保人可以就保险金额总和超过保险价值的部分，请求各保险人按比例返还保险费。

重复保险是指投保人对同一保险标的、同一保险利益、同一保险事故分别与两个以上保险人订立保险合同，且保险金额总和超过保险价值的保险。

五、怎样代位追偿才有用

(一) 代位追偿很有用

先看个案例：甲为其汽车向乙保险公司足额投保了车险。某日，在路上由于丙车追尾造成了甲车的损失，损失 9 万元。最后事故认定为丙车的责任，甲的损失由丙负责。

思考以下几个问题。

第一个问题：保险公司该向甲赔偿吗？追尾属于车险的保险责任，所以保险公司该赔。

第二个问题：丙该对甲的损失负责吗？因为甲的损失是由于丙的过错造成的，所以丙也应该赔偿甲的 9 万元损失。

第三个问题：甲能同时从乙和丙那里得到赔偿吗？如果不能，那该谁负责赔偿？分析一下，如果乙和丙同时对甲进行足额赔偿，那么甲获得的赔偿金 18 万元，远远超过其 9 万元的损失，这就违背了我们前面讲的损失补偿原则。

怎么办呢？有什么方法让甲既能获得足额赔偿，又不违背损失补偿原则呢？有一个办法：甲可以先向保险公司索赔，保险公司赔偿了 9 万元后，可以向责任方丙行使代位追偿权，丙应该支付给保险公司 9 万元。这样，甲既能获得足额赔偿，又使得相关责任方付出了经济代价。

像案例中这样，当保险标的因遭受保险事故而造成损失，依法应当由第三者承担赔偿责任时，保险人自支付保险赔偿金之日起，在赔偿金额的限度内，相应取得向对此损失负有责任的第三者请求赔偿的权利。我们称之为代位追偿权。关于代位追偿权的系列规定就构成了代位追偿原则。

从刚刚的分析中我们也可以看到，代位追偿很有用！

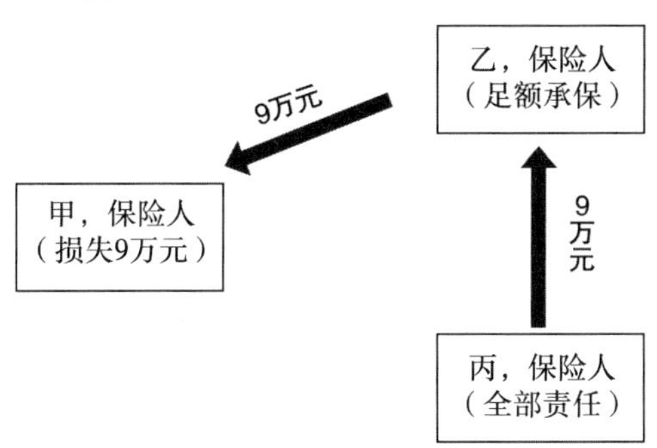

图 4-4 代位追偿

（1）可以防止被保险人因同一损失获取不当利益。受损的被保险人如果从保险公司那里获得了赔偿，就不能向第三者请求赔偿；如果从第三者那里获得了赔偿，那么损失得到了弥补，也就无法向保险公司索赔。你得到的，不能超过你损失的！

（2）维护社会公共安全，保障公民、法人的合法权益不受侵害。如果被保险人因从保险人处获得赔偿而不追究责任者的经济赔偿责任，就会使肇事责任者逍遥法外，有违社会公平。而通过代位追偿的安排，负责任的第三人的经济赔偿责任不能免除。该你承担的，你终究得承担！

（3）有利于被保险人及时获得经济补偿，尽快恢复生产，安定生活。案例中，甲应优先选择向谁索赔好呢？最佳选择应该是保险公司，因为保险公司不可能赔不起！而责任方可能自己损失惨重，虽然愿意赔，但是没钱赔！另外，你跟保险公司之间有保险合同，索赔起来有据可依，更加方便快捷！所以，两者选一，保险第一，钱足够赔，有据可依！这就是代位追偿的好处！

（二）怎样的代位追偿才有用

代位追偿很有用。那怎么用呢？什么情况下保险人可以获得代位追偿权呢？满足以下三个条件，保险人可以获得代位追偿权。

首先，要有第三者，而且是对事故负有赔偿责任的第三者。

其次，还应该有保险人。而且是要对保险标的的损失负有赔偿义务的保险人。

最后，保险人已支付了保险金，保险人自支付保险金之日起即自动取得代位权。这里要注意的是，保险人取得代位求偿权不需要征得被保险人的同意，只要其按照保险合同履行了赔偿责任，就自动获得代位求偿权。

代位求偿权的取得是基于《保险法》的规定，而不是基于保险合同的约定或双方的协商。《保险法》第 60 条规定：“因第三者对保险标的的损害而造成保险事故的，保险人自向被保险人赔偿保险金之日起，在赔偿金额范围内代位行使被保险人对第三者请求赔偿的权利。”

《中华人民共和国保险法》中代位追偿的规定

第六十条　因第三者对保险标的的损害而造成保险事故的，保险人自向被保险人赔偿保险金之日起，在赔偿金额范围内代位行使被保险人对第三者请求赔偿的权利。

前款规定的保险事故发生后，被保险人已经从第三者取得损害赔偿的，保险人赔偿保险金时，可以相应扣减被保险人从第三者已取得的赔偿金额。

保险人依照本条第一款规定行使代位请求赔偿的权利，不影响被保险人就未取得赔偿的部分向第三者请求赔偿的权利。

第六十一条　保险事故发生后，保险人未赔偿保险金之前，被保险人放弃对第三者请求赔偿的权利的，保险人不承担赔偿保险金的责任。

保险人向被保险人赔偿保险金后，被保险人未经保险人同意放弃对第三者请求赔偿的权利的，该行为无效。

被保险人故意或者因重大过失致使保险人不能行使代位请求赔偿的权利的，保险人可以扣减或者要求返还相应的保险金。

> 第六十二条　除被保险人的家庭成员或者其组成人员故意造成本法第六十条第一款规定的保险事故外，保险人不得对被保险人的家庭成员或者其组成人员行使代位请求赔偿的权利。
>
> 第六十三条　保险人向第三者行使代位请求赔偿的权利时，被保险人应当向保险人提供必要的文件和所知道的有关情况。

（三）人身保险中代位追偿怎么用

前面代位追偿权的规定，是用在财产保险中的。因为财产保险中保险标的是财产或利益，能够确定损失的大小，通过代位追偿的规定，使得被保险人获得的赔偿不能超过损失。而在人身保险中，人的生命是无价的，如果在一场事故中，被保险人被第三者故意伤害，保险公司能不能支付保险金后，向第三者索赔呢？

不能！保险公司支付完保险金后，不能向第三方追偿。所以，如果被保险人在保险事故中致残或身亡，既可获得保险金，也可获得肇事的第三者的赔偿。《保险法》第 46 条规定："被保险人因第三者的行为而发生死亡、伤残或者疾病等保险事故的，保险人向被保险人或者受益人给付保险金后，不享有向第三者追偿的权利，但被保险人或者受益人仍有权向第三者请求赔偿。"

但如果是健康险和意外伤害保险中的医疗费用部分赔偿呢？是否适用代位求偿权？

根据我国《保险法》的规定，代位求偿权不适用于人身保险。但是健康险和意外伤害保险中的医疗费用部分，因其本身具有的独特性质——兼具人身保险和财产保险的双重特性，使其能否适用代位求偿权在理论界和实务界都引起了很大的争议。

在实务中，保险人往往在保险合同中规定类似"被保险人、受益人自侵权人处获得赔偿后不再享有保险金给付请求权"的条款，这类条款事实上排除了被保险人或受益人同时从保险人和第三者处获得双份赔偿的可能。也就是说，如果医疗费用的支出是第三者造成的，而且被保险人已经从第三者那里获得了部分赔偿，那么保险公司只就剩余未赔偿部分的医疗费用计算赔偿金额。

好了，这就是代位追偿。

事故发生找保险，保险赔完代位追。
代位追偿要配合，承担责任第三者。

知道了保险公司如何赔偿，可以更好地维护自身的权益。但要记住，不能骗保骗赔。如果采取非法手段骗取赔款，将面临行政处罚甚至构成犯罪。《保险法》第174条规定，投保人、被保险人或者受益人有下列行为之一，进行保险诈骗活动，尚不构成犯罪的，依法给予行政处罚：投保人故意虚构保险标的，骗取保险金的；编造未曾发生的保险事故，或者编造虚假的事故原因或者夸大损失程度，骗取保险金的；故意造成保险事故，骗取保险金的。保险事故的鉴定人、评估人、证明人故意提供虚假的证明文件，为投保人、被保险人或者受益人进行保险诈骗提供条件的，也依照前款规定给予处罚。

另外，我国刑法也对保险诈骗罪进行了规定，五种情形构成保险诈骗罪：（1）投保人故意虚构保险标的，骗取保险金的；（2）投保人、被保险人或者受益人对发生的保险事故编造虚假的原因或者夸大损失的程度，骗取保险金的；（3）投保人、被保险人或者受益人编造未曾发生的保险事故，骗取保险金的；（4）投保人、被保险人故意造成财产损失的保险事故，骗取保险金的；（5）投保人、受益人故意造成被保险人死亡、伤残或者疾病，骗取保险金的。构成保险诈骗罪的，将要面临最高十年以上有期徒刑处，最高二十万元罚金或者没收财产的惩罚。

所以，拨开云雾见光明，怎样赔偿要认清；骗保骗赔可不行，依法索赔讲诚信。

案例分析 4-1

猝死附加险条款中“表面健康的人”并非指没有任何疾病[①]

【基本案情】黄某的工作单位为包括身患鼻咽癌的黄某在内的员工投保了团体人身意外伤害险种，适用条款包括附加猝死责任条款，条款中关于猝死的释义为“表面健康的人因潜在疾病、机能障碍或其他原因在出现症状后24小时内发生的非暴力性突然死亡”。后黄某猝死，其保险合同受益人认为保险公司应当依约理赔；而保险公司抗辩称黄某身患癌症，不属于猝死释义中的“表面健康的人”，因此保险公司不应支付保险金。人民法院经审理认为，被保险人死亡原因符合合同约定的猝死情形，保险公司应当承担给付相应保险金的责任。

【法官说法】依据通常解释和生活常识，猝死定义中的“表面健康”，显然不是指没有任何疾病，而应当是指未患有能够导致患者突然死亡的疾病。虽然被保险人患有鼻咽癌，但并无证据显示癌症已发展到终末期，且保险公司也未能提交此类癌症会导致患者突然死亡的证据。所以被保险人死亡原因符合合同约定的猝死情形，保险公司应当承担给付相应保险金的责任。

案例 4-2

重复保险不多赔[②]

【基本案情】2011 年 7 月，齐先生向某保险公司投保家庭财产保险及附加盗窃险，保额为 6 万元，期限一年。同年 9 月，他又在另一家保

---

① 广州中院：猝死附加险条款中“表面健康的人”并非指无任何疾病［EB/OL］.［2022-03-18］. https：//baijiahao. baidu. com/s? id＝1705146781592558072&wfr＝spider&for＝pc.

② 家财险切莫重复投保 超额部分保险公司不承担［EB/OL］.（2019-04-09）［2022-03-18］. https：//xuexi. huize. com/study/detal-57258. html.

险公司投保同样保额的同样险种。两家保险公司分别向齐先生出具了保险单。

2012年11月，齐先生家中被盗，向警方报案的同时，他也通知了两家保险公司。经现场勘验认定，被盗物品价值6万元。齐先生向两家保险公司提出各赔偿6万元的要求，却均被以其重复投保，造成保险合同无效为由拒绝赔偿。齐先生诉至法院，经调查审理，法院认为齐先生与两家保险公司签订的均为有效的家财险合同，其家中被盗后，保险公司应按合同约定承担赔偿责任。不过，鉴于齐先生存在重复保险的事实，根据重复保险分摊原则，法院最终判决两家保险公司分别赔偿齐先生3万元。

【案情分析】以上是一起因重复投保家财险而产生的理赔纠纷案件，事例中，齐先生就其家庭财产在两家保险公司投保，在同一保险期间内，就同一保险事故分别向两家保险公司主张同一保险利益，属于重复保险行为。由于重复保险合同是双方当事人自愿签订的，故齐先生与两家保险公司分别签订的财产保险合同均为有效合同，两家保险公司以重复保险合同无效为由拒不承担赔偿责任的理由不成立。

不过，尽管如此，齐先生也不能依照两份保险合同而获得双倍赔偿。依照合同和相关法律规定，两家保险公司的保险金额总和为12万元，其承担责任的比例对等，对于齐先生受到的6万元的经济损失应分担，即各承担3万元的赔偿责任。

由此可见，家财险虽然重要，但是重复投保也会引起不必要的麻烦。被保险人仅有权按其实际损失请求保险人赔偿，不得获得超过其实际损失以上的赔偿。这一点，必须引起保险消费者的注意。

案例 4-3

代位追偿权的运用[①]

小林驾驶自己的奔驰车外出，突然对面一部面包车失控越过中间护栏撞上了小林的车，奔驰车严重受损，幸好人没事。

经交警部门鉴定，该事故由面包车负全部责任，全部损失应由面包车车主负责赔偿。但面包车没有保险，车主也没有经济能力赔偿。小林的奔驰车投保了车辆损失险和第三者责任险，但小林对事故没有责任，他投保的保险公司会赔付奔驰车的损失吗？答案是肯定的。只要在保险责任范围之内的损失，保险公司就要负责赔偿，不管被保险人对事故是否有责任。保险法规定，因第三者对保险标的的损害而造成保险事故的，保险人自向被保险人赔偿保险金之日起，在赔偿金额范围内代位行使被保险人对第三者请求赔偿的权利。保险公司可以根据小林的赔偿要求按照保险单规定赔偿小林，但小林必须将向面包车车主追偿的权利转让给保险公司，并协助保险公司向面包车车主追偿。

案例分析 4-4

用夫妻共同财产购买保险，获得的理赔金归谁[②]

【基本案情】阿梅和小明结婚后不久，阿梅的一场疾病，给整个家庭带来了摧毁性的打击。阿梅忍受着病痛的折磨，丈夫小明也饱受经济和精神的双重压力。就在妻子患病时期，同村张美看见阿明一个大男人照顾一家老小不易，就好心过来帮忙。可不料，在这段日子里，张美和小明日久生情，感情越来越深。听说阿梅（投保人、被保人、受益人）

---

① 代位求偿权经典案例 3 篇［EB/OL］．（2019-04-09）［2022-03-18］．https：//max. book118. com/html/2019/0409/8114027017002016. shtm.

② 《民法典》中的保险［EB/OL］．［2022-02-01］．https：//www. sohu. com/a/470358889 _ 121123921.

在婚后给自己买过一份医疗保险，小明和张美两人就盘算着等理赔金下来，一部分拿给阿梅看病，另一部分用于张美老房翻新。理赔金下来后，小明如是处理了。但阿梅得知丈夫变心，诉至法院，要求追回理赔金。可小明认为，给妻子看病的钱是自己打工赚的，所以保单的理赔金应该归还给自己，自己也有权利处理这笔钱。

【案情分析】用夫妻共同财产购买保险，理赔金归谁呢？结合《民法典》相关规定，我们知道以下信息：①给妻子看病的钱是小明自己出的钱，属于夫妻共同财产；②妻子阿梅婚后购买保险的钱，也属于夫妻共同财产。既然都是夫妻共同财产，小明有没有权利和资格处理保险理赔金呢？《民法典》第 1063 条规定：下列财产为夫妻一方的个人财产：（一）一方的婚前财产；（二）一方因受到人身损害获得的赔偿或者补偿；（三）遗嘱或者赠与合同中确定只归一方的财产；（四）一方专用的生活用品；（五）其他应当归一方的财产。按照第（二）条的规定，妻子阿梅因人身损害获得的赔偿或补偿，属于自己的个人财产，因此丈夫阿明没有处理这笔理赔金的权利。

知识问答

安小保：保博士，学完这一讲知识后，我才了解保险公司的赔偿有那么多的规定。

保博士：对，让发生意外的人获得赔偿，让骗保骗赔者无处躲藏，保得多赔得多，保得少赔得少，重复保险不多赔，这些规定都是为了让保险更公平、更好地发挥保险的保障职能。

安小保：嗯，确实是这样。不过我有个小问题想问一下。

保博士：你问吧，看我能不能回答得上。

安小保：意外伤害险里面讲到猝死不属于意外伤害险的保险责任，这怎么理解呢？

保博士：其实，猝死都是身体本身的原因也就是疾病引起的，意外伤害险保的是外来的原因引起的，所以，猝死不属于意外。

安小保：这样啊！我一开始理解为出乎意料发生的就是意外呀，猝死是忽然发生的，属于意外。

保博士：你有这样的想法不奇怪，确实很多对保险不了解的人都是这样认为的。所以在实务中，有很多纠纷案例就是保险双方对猝死的认识不一致导致的。

安小保：对啊，看来不止我一个人这样认为。

保博士：保险公司也注意到了这个问题，并采取了一些措施。比如加强投保前的责任免除事项的告知，让客户理解疾病不属于意外险的保险责任。另外，有些保险公司干脆在意外伤害险中把“猝死”添加到保险责任中，扩大意外保险的保险责任，呼应人民的需求。

安小保：看来保险也一直在变呀。

保博士：没错，保险一直为了适应人们的保障需求而变，不变的是保险的保障本质。接下来我问你几个小问题，看你对这一讲知识掌握得怎么样。

安小保：好啊好啊，博士您问吧！

保博士：第一个问题，为什么损失补偿原则要求有损失才有补偿？

安小保：这个我知道，如果没有损失，而保险公司赔钱了，意味着被保险人获益了。而保险的本质是补偿，不是让你赚钱的。还有，重复保险要分摊、第三者的责任要追偿，这些规定也都是基于这样的原因。

保博士：你还知道举一反三啊，不错不错！那我再问你，重复保险怎么分摊？

安小保：按各家保险公司的保险金额比例分摊，保得越多的保险公司，分摊的赔偿额越多，毕竟这家保险公司收到的保费也更多啊！

保博士：是的，所以说不是保得越多，赔得越多。买保险要注意有没有重复保险。

安小保：那怎么注意呢？

保博士：其实很简单。你在买保险的时候，填写的投保单上，一般都会问你之前是否买过这类险种，你如果买了，如实填写进去，保险公司会帮你确认是否属于重复保险，从而提出怎么避免重复保险的建议。

安小保：嗯，这个我懂了。

保博士：我再问你，如果在一起交通事故中，你的车被别人的车给撞了，那个人是全责。你是找保险公司赔还是找第三者赔？

安小保：两个都可以。

保博士：是的。那你希望找谁？

安小保：嗯……我找保险公司吧，毕竟保险公司不会赔不起。

保博士：没错。建议优先找保险公司。保险公司赔完后会去向有责任的第三者行使代位追偿权。你也省时省力，不必耗太多精力跟肇事方打交道。

安小保：嗯。博士，我还有个问题，就是确定事故发生的原因有时候有点难呢。

保博士：这个作为普通消费者也别担心，找相关机构就可以了。火灾找消防部门，他们会出具火灾原因认定书；交通事故就找交警，由他们来划分事故责任；如果是疾病，医院会有疾病诊断书等证明。

安小保：那我明白了，专业的事交给专业的人去办！

保博士：是的。比如你现在的主要任务就是好好学习，我们大人就专心去上班，而保险公司的任务就是给大家提供专业的保障，大家各司其职，社会才能和谐发展。

安小保：好的，那我也该去做作业了。

第五讲　让生活无忧，保险伴我一生

要让生活无忧，保险伴我一生。保险是生活的必需品，人人都需要保险。但是如何从家庭需求出发，给家庭成员配置合适的保险？买哪些保险？买多少保险？从哪里买？本部分将帮助读者全面了解家庭的保险配置，提升保险的使用效果，促进社会的和谐、稳定和经济的发展。

引例

假设有一位客户，已婚有子，想给自己未成年的子女做一个财产继承的规划，希望这个规划既能够保障未成年子女的日常生活需求，也可以避免未成年子女在年轻时就丧失奋斗的动力，还可以防止日后子女的婚姻出现问题而导致家族财富被分走。

方案设计：建议客户购买终身年金产品，保险金额为 300 万元，缴费期为 5 年，合同中被保险人及受益人一栏填客户的子女的名字。

方案阐述：在未成年子女的青少年时期，每年领取的保险金只够日常生活开支，当子女到了即将退休的年纪，就能够领取一笔数额较大的年金。一方面，保证了子女有努力奋斗向前的动力；另一方面，纵然未来子女的婚姻状况出现问题，进行财产分割的只是已经领取的那部分年金，未被领取的年金不会被拿来进行财产分割，这样可以防止因为婚姻发生问题导致家族财富被分割。

要让生活无忧，保险伴我一生。为了保证生活的水平，为自己和家人购买齐全的保险正日益成为很多人的选择。

政策导读

“十四五”大视野中的保险业，怎么打出一手好牌[①]

“十四五”规划是国家层面未来5年最为重要的规划，包含了目前中央政府对于未来发展大势的根本判断、对于内外部环境深刻变化的描述，是解决未来发展目标、思路和举措的几种解读。

站在“两个一百年”奋斗目标的交汇点上，作为开启全面建设社会主义现代化国家新征程的第一个五年，“十四五”必将在较长时间内对中国的发展产生深远的影响。

经历几十年的发展后，面对新工业革命浪潮、经济发展转型等新的历史条件，保险行业又一次站在了转型和变革的十字路口。未来保险行业的何去何从，存在哪些机遇与挑战，必然要服从国家的大政方针。因此，从保险行业视角，深入解读“十四五”规划是十分有意义的。

解读1：“十四五”对新发展阶段提出新要求，必然给保险行业带来新的机遇与挑战

“十四五”规划坚持新的发展理念，切实转变发展方式；坚持系统观念，进一步放大体制优势；突出供给侧改革、扩大内需、推进改革、扩大开放、促进两个循环等战略导向。这些理念必然给保险行业带来新的机遇与挑战。

例如，保险行业作为产品高度同质化的行业，迫切需要供给侧改革，进一步开发和满足更为多样化的保险需求；国内保险行业仍然是一个相对封闭和管制的行业，结合国家两个循环的打造，在激发和满足内需的同时，加快走出去的步伐，为“一带一路”等大国战略提供支持；险资具有长期稳定属性，可以在促进资本市场健康有序发展、降低金融体

---

① “十四五”大视野中的保险业，怎么打出一手好牌［EB/OL］.（2021-03-30）［2022-03-28］. https：//www. cn-healthcare. com/articlewm/20210330/content-1204766. html.

系内空转、支持实体经济方面作出贡献；进军养老、健康、医疗等领域，不仅是支持公共服务的社会化供给，同样也能够为保险行业带来大量机会。

解读2：助力创新、兜住底层，分散特殊群体和行业风险是对保险保障要求的主要体现

在“十四五”规划中，对于保险行业支持创新的具体内容包括“拓展优化首台（套）重大技术装备保补偿和激励政策”、“鼓励金融机构发展知识产权质押、科技保等科技金融产品，开展科技成果转化贷款风险补偿试点”、“在重点领域推进安全生产责任保全覆盖”等。

某些特殊的行业天然地会积聚风险或受风险影响较大（例如农业），而这些行业往往又是国民经济的重要基础，对于社会经济发展有较大影响，需要额外的保障服务。

同样，某些弱势群体（失业群体、残疾人群体等）以及特殊职业群体（例如军人），也有较大的保障需求。“十四五”规划中对于此类行业和群体也进行了针对性的保障支持，例如“完善投资者保护制度和存款保险制度”、“发展农业保险”、“在高风险领域推行环境污染强制责任保险”、“统筹用好就业补助资金和失业保险基金”、“帮助残疾人普遍参加基本医疗和基本养老保险”、“加强退役军人保险制度衔接”、“加强巨灾保险”等。

解读3：从“它在旁边笑”到“它在丛中笑”：支持创新大趋势下，保险业需积极融入产业革新浪潮

过去几十年保险行业的发展，无论是寿险还是产险，往往处于“它在旁边笑”的状态，即行业发展与具体支持的相关产业等发展关系并不密切，或者由于法律强制要求才出现保险需求，这导致产品高度同质化，缺乏客户需求导向的设计。

本轮新工业革命的发展催生了大量的新技术、新模式、新业态，对于这些新鲜事物的发展，无论是相关企业还是保险公司，均没有经验和数据的积累，那么保险公司如何在信息不完备的情况下制定精算假设、

设计产品，也是未来行业需要面对的问题之一。

另一方面是新技术催生出的新的商业模式和行业中存在着巨大的保险需求，保险公司应该积极参与到新工业革命中，伴随新技术、新企业、新行业成长，发现新市场、满足新需求，提升自身竞争力，实现“它在丛中笑”。

一、买保险看需求

（一）保险需求源于风险

风险无处不在，无处不有。人一出生，就面临各种风险。正是因为风险伴随着人的一生，所以保险是人一生的需求。但消费者不可能买所有的保险，那么保险支出多少才比较合适呢？一般来说，保险的年支出占家庭年支出的5%～15%比较合适。消费者需要量力而行，根据需求，购买适合的保险。目前，保险公司在售的保险险种有几千种，消费者不可能都了解，消费者购买保险首先要考虑的是保险本身的保障需求。一段时间以来，一些保险公司为了冲业绩，迅速拓展市场，开发了一些低保障、高保费、类基金的产品；还有一些公司开发了“赏月险”等吸引眼球的保险。保险还应回归本源，“保险姓保”的理念不仅仅是监管机关的要求，也是保险从业者的坚守和消费者正确的选择。

哪里有风险，哪里就需要保险，买保险看需求。一般来说，人的一生需要七张最基本的保单。人一出生，就面临各种风险，所以需要的第一张保单是意外险保单，抵御意外伤害带来的风险。第二张保单是医疗险保单，减少因疾病带来的负担。第三张保单是教育金保单，从幼儿园到大学毕业，教育费少的几十万元，多的一两百万元，需要提前谋划，未雨绸缪，为孩子的教育做好准备。第四张保单是重大疾病险保单，人的一生，得重病的可能性超过70%，一旦得了重病，高昂的医疗费对家庭的影响将是巨大的。第五张保单是定期寿险保单，作为家庭的顶梁柱，需要一张长期寿险保单，减少因意外、疾病等变故给家庭带来的冲击。第六张保单是养老险保单，老有所养是大家的共同心愿，经济条件许可的话，补充养老保险还是要买的。第七张保单是护理保险保单。现在独生子女家庭多，空巢老人多。人老了，生活不能自理，是自然规律。但生活需要有质量，生命需要有尊严，人老了，护理保障的需求将越来越大。

（二）正确理解保险需求

保险需求有两种表现形式：一是物质方面的需求，即在约定的风险事故发生并导致损失时，它能够对经济损失予以充分的补偿；另一是精神方面的需求，即在投保以后，转嫁了风险，心理上感到安全，从而消除了精神上的紧张与不安。保险需求分析包括基本保险需求分析、财产保险需求分析、投资需求分析、人身保险需求分析、人生不同阶段的保险需求分析等。

1. 基本保险需求分析

每个人、每个家庭都会面临很多财产和人身方面的风险，谁也不能保证一生一帆风顺，永远风平浪静。风险一旦发生，就会带来经济上的损失和一些额外费用的产生。另外，很多保险产品具有投资功能，还可以满足人们的投资需求。风险以及投资理财的存在是一个人产生购买保险愿望的前提，因此，确定个人和家庭的保险需求是购买保险的第一步。

2. 财产保险需求分析

一个家庭经济水平越高，所产生的保险需求范围也会越广。市场经济使相当一部分人先富了起来，一个同时拥有房产、汽车、高档家庭财产的家庭，它会同时产生对房屋保险、汽车保险和家庭财产保险的需求。可以预见的是，在未来，随着房地产市场的发展、私家轿车市场的普及、人们防范风险意识的增强，人们的保险需求也会大大提高。

3. 投资需求分析

投资者通常通过多元化投资来分散投资风险，寻求最大的投资收益。投资连结保险，此类保险既具有基本的寿险保障功能，又具有投资的功能，还具有财富传承的各种功能，可以满足客户的多层次需求。对每一位客户而言，最好的险种就应该是最适合其需求的险种。

这样规划保险，让你一生无忧！①

在现实生活中，很多人谈起保险，都会觉得保险虽好，但由于收入有限，没有多余财力可以顾及，买保险那是有钱人的事。真的是这样吗？

1. 人生各阶段如何规划保险

在生命周期的不同阶段，根据年龄周期，保险也应各有侧重。年少轻狂，首先要考虑的是意外伤害保险，身体虽好但意外事故难防。其次，近年来重大疾病发病率不断提高并且趋向年轻化发展，投保大病保险能够保障因为重大疾病而丧失工作能力的人有一笔经济补偿，维持日后的生活和医疗费用支出。健康险是年龄越小、费率越低、保障越高，此时的保险不可能所有险种都买齐全，可以在个人收入能力和经济条件改善后，逐步完善。

结婚成家，个人责任加重，此时应考虑增加寿险及大额的大病保险，同时为子女教育做准备。寿险保额应该覆盖当前负债及子女的抚育费用，大病保险的保额则应该覆盖一次重大疾病的治疗费用，至少需要

① 参见：中信保诚人寿公众号．信易通（营销渠道），2019-09-19.

50 万元。如果经济条件允许，可以为子女投保带有保费豁免功能的教育金以及为自己投保少量的养老险。此时，您的家庭保障可设定一个“双 10 定律”：保障额度是10倍的家庭收入，保费支出占家庭总收入的10％。即用 10％的收入，获得10倍收入的保障！

人到中年，子女逐渐长大，房贷、车贷逐渐还清，加上财富累积，如果经济实力较为雄厚，此时可考虑投保养老年金保险、投连险、万能险等返还型保险产品，把这些产品作为日后养老资金的重要来源。

步入夕阳，退休后购买保险就应该偏重生存利益，因为此时的个人责任、家庭负担最轻，寿险身故保障的主要目的在于传承财富而非保障身故后亲属的生活品质，此时的保费支出可以大大降低。

2. 保险产品规划顺序的正确姿势

一般来说，投保应从自己及家庭的实际情况出发，按照风险管理的先后顺序进行，先保易发生或时间上较为紧迫的风险，然后逐步完善家庭保障。商业保障体系配置次序依次是：意外—医疗—重疾—寿险—教育金/养老金—财富规划（见图 5-1）。

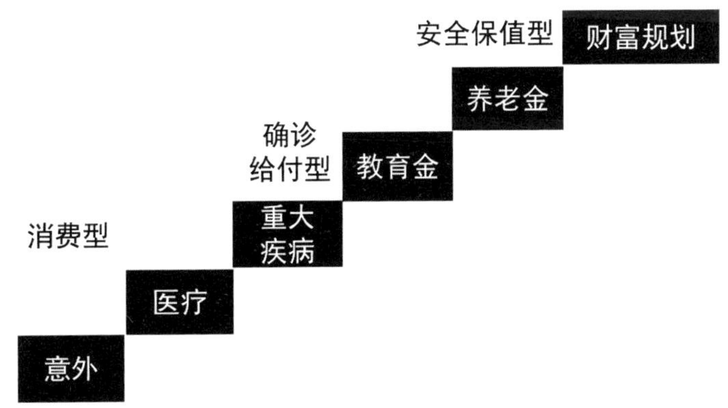

图 5-1 商业保障体系

3. 保险规划的误区

(1) 不做财务分析。买保险既要保额充足又要量力而行，要实现这两点就需要对自己及家庭的财务状况有一个准确的了解。财务状况包括个人/家庭收入、个人/家庭负债、日常刚性支出、流动资产等各项财务方面的问题。

(2) 关注产品多于需求。买保险，买的就是保障，应该首先根据负债情况、未来对孩子的教育期许、刚性生活费的支出来量化家庭支柱责任。根据财务状况、生活负担和对未来的追求来选择最适合自己的产品。

(3) 关注孩子多于家庭经济支柱。买保险一定要首先给家庭经济支柱购买，因为他们承担了主要的家庭责任。一旦家庭经济支柱出现意外，对一个家庭来说将是毁灭性的打击。而孩子承担的家庭责任较小，即使出现意外，对家庭的影响也较轻。

(4) 想一次性买到完美的产品。买保险是一个非常灵活且可以不断完善的过程。当收入有限时，要保证自己先有一个基本的保障，之后随着经济收入的增长再不断完善

总之，“买什么险种”比“花多少钱买”更为重要。保险就是要转移人身最基本的三大类风险：身故、意外伤害和疾病。对应的保险种类分别是人寿保险、意外伤害保险、健康保险，这三者共同构成了“全面保险、稳健理财”的“金三角”。

4. 树立理性的保险观念

(1) 充分认识保险的保障功能。面对风险，有的人存在侥幸心理，不愿意花钱去购买必要的保险。当意外降临时，才意识到保险的重要性，就为时已晚了。

(2) 理性看待保险的投资功能。随着一些新型人身保险产品的推出，有些消费者弱化甚至忽略了保险最基本的保障功能，过于关注保险的投资理财功能，形成“轻保障、重收益”的非理性消费观念。对于普通消费者来说，在选择购买保险产品的时候，首先应该考虑满足个人或家庭基本的保障需求，然后再考虑投资理财需求。

(3) 购买保险时要充分考虑自己和家庭的经济实力。避免购买保险产品后，因保险期限未满急需用钱或长期支付保费能力不足导致退保而

遭受损失。

二、意外险，为家人幸福护航

意外险又称意外伤害保险，是指外来的、突发的、非本意的事件导致身体受到伤害的保险。意外事件的突发性、偶然性，让你永远不知道明天和意外哪一个先到来。单从交通事故来看，近年来，我国每年交通事故死亡人数近 10 万人，受伤人数 20 多万人。“交通事故猛于虎”的形容一点也不为过。

意外险的保障一般分为意外伤害和意外医疗两部分。意外伤害保险是指被保险人因遭受意外伤害造成死亡、残疾为给付保险金条件的保险。意外医疗保险是指遭受意外伤害造成医疗费用的支出或丧失劳动能力，保险公司给付保险金的保险。一般来说，意外伤害是主险，意外医疗是附加险，意外伤害险可以单独投保，而意外医疗险一般是投保主险后可以附加。由于发生意外伤害之后，最紧要的是紧急治疗，发生医疗费用的概率要远远大于造成死亡、伤残的概率，所以意外医疗的保险费率要高于意外伤害。消费者一般会选择意外伤害保额高一些，意外医疗保额低一些。目前，保险公司为了方便消费者，将意外险设计成卡折式：一份保费 100 元或 200 元，其意外伤害保额 6 万～10 万不等，意外医疗 5000～10000 元不等。目前，卖得最火的有普通意外险、航空意外险、旅游意外险、交通意外险等。目前，购买意外险的渠道多种，消费者也可以通过互联网、公众号、小程序等方式购买。购买航空意外险可在购买机票时一起购买，购买旅游意外险可以和旅游订单一起下单，购买交通意外险可于购车票时一并购买。

普通意外险的费率一般是根据不同的职业类别来定价的。保险公司意外险一般将职业类别分为六类：一到三类为低风险职业，其中一类职业是纯文职人员，二类职业主要是外勤和轻体力劳动者，三类为一般操作人员；四类为中度风险职业，一般为体力工作者；五类为高风险职业，如建筑工人、货车司机等；六类为超高风险职业，如高空作业人员、井下工人等。许多保险公司对六类职业人员一般不予承保或要求特别加费。

提到意外伤害，就必须提到伤残等级。因为意外伤害造成被保险人的伤残，保险公司是按照伤残等级进行给付的。根据国家颁布的《人身保险伤残评定标准》规定，伤残程度分为一至十级，最重为一级，最轻为十级。对应的伤残赔付比例分为十档，伤残程度一级对应的保险金给付比例为 100%，伤残程度十级对应的保险金给付比例为 10%，每级相差 10 个百分点。

例如：贾先生购买了意外伤害险保额 20 万元，意外医疗险保额 2 万元，保费 200 元。在保险期限内，贾先生不幸发生车祸，大腿骨折，花费医疗费用 25000 元。出院后，经伤残评定机构鉴定，为九级伤残，对应伤残给付比例为 20%，伤残给付 40000 元，医疗费用给付 20000 元，本次事故，贾先生可获得保险给付金为 60000 元。意外医疗保险适用保险的补偿原则，如果贾先生购买了其他商业保险，获得其他保险公司的医疗费用保险补偿 15000 元，则本次事故，贾先生在第二家保险公司只能获得 10000 元的医疗费用补偿，总医疗费用补偿不超过 25000 元。由此可知，意外医疗保险重复购买得不到超额利益。

新经济、新产业、新业态从业人员意外伤害如何保障？[①]

新业态从业人员是指从事新就业形态的人员。在我国新旧动能转

① 参见：宋亚婷. 数字经济背景下新业态从业人员职业伤害保障研究［J］. 法制与经济，2021（10）：107-112.

换、加速发展的新经济时期，新就业形态及就业渠道日趋多元化，推动着我国共享经济、平台经济的蓬勃发展。我国先后推出的“双创”理念，进一步提高了新经济的发展，催生了大批新业态从业人员。

一、新业态从业人员职业伤害存在的问题

1. 新业态从业人员职业伤害劳动保障法律制度缺位

现行法律法规中，《关于确立劳动关系有关事项的通知》（劳社部发〔2005〕12号）是司法实务中对于劳动关系确立与否应用最多的规定，也是当前关于劳动关系最高位阶的认定标准。该通知规定，用人单位没有与劳动者签订劳动合同，但具备主体适格、人格从属、业务从属三项标准即可确立双方劳动关系的存在。在大环境下，传统劳动关系中，立法人格从属性对于新业态人员与企业的约束削弱，原有的制度无法对新就业劳动者权益进行保护。

2. 新业态企业和从业人员忽略职业伤害保障

虽然数字经济带动了共享经济、平台经济的发展，并创造了大量的新就业岗位，但是新业态从业人员参保覆盖率低仍是较为突出的问题，存在明显的参保缺口。这既有现行制度设计不适合平台化的原因，也有新业态从业人员参保意愿不高和新业态企业降低用工成本的目标诉求等原因。

3. 职业伤害风险高，但救济与保障不足

数字经济的发展带动信息技术向第三产业融合发展以及向传统产业扩散，大众创业、万众创新等一系列政策的支持和大众消费升级带来的多样化需求，使新就业形态呈爆发式增长，带动了就业岗位的增加。但新业态从业人员因为所在行业的高风险性，常常面临新型职业病、交通事故、第三者人身伤害等风险，而新业态行业新手多、工作时间弹性大、培训少且不规范、工作方式灵活，这些因素往往导致劳动者工作时间过长，因疲劳工作造成的事故发生率居高不下。

二、新业态从业人员职业伤害的规制路径

1. 新业态从业人员承担有限雇员义务，享有基本伤害保障

（1）承担部分职业伤害费用缴费主体义务。2021年7月，国务院常务会审议通过《关于维护新就业形态劳动者劳动保障权益的指导意见》（以下简称《意见》）。《意见》指出，平台企业与新业态从业人员虽然不完全具备劳动关系，但是对从业人员进行管理的，应该签订书面协议，确立双方权利义务关系。传统劳动关系中，劳动者与用人单位权责对等，劳动者通过让渡部分权利给用人单位支配来获得相应的报酬和劳动权益保障。新就业形态下，劳动者与用人单位之间的人格从属性、经济从属性逐渐减弱，劳动者拥有更多的自主权，从权责对等的角度，劳动权益保障与劳动者的自主权呈现此消彼长的现象，劳动者通过牺牲部分劳动保障权益来获取一定的工作自主性。为明确新业态行业中企业与劳动者的雇佣关系，厘清双方的权利与义务范畴，适应这种新型的用工模式，将职业伤害的费用缴纳主体划分给新业态从业人员，正是体现了权责一致原则。《意见》还指出，为了提升新业态从业人员权益保障水平，鼓励新业态企业为从业人员购买雇主责任、意外伤害等保险。这表明政策鼓励平台承担一定的社会责任，同时新业态从业人员也需承担劳动权益保障所产生的部分费用。

（2）承担有限风险防范义务。新就业形态使劳动者能够在平台间自由选择和转换身份，工作时间灵活，工作场所不固定，可身兼多职在多个平台接单、提供服务，从而获取多份报酬。依据现行《民法典》和《工伤保险条例》，劳动者工伤保险由用人单位全额代缴，在劳动者发生职业伤害后，除工伤保险基金支付部分费用，用人单位也需承担一部分赔偿金额。工伤由劳动者或用人单位申请，在一定程度上可以确保用人单位对工伤的真实性进行充分审查。但在新就业形态下，劳动者工作时间、场所灵活，只有少部分从业人员有固定的办公场所，大部分从业人员工作时间和地点具有流动性和随机性，如网约车司机、外卖配送员等，因此造成职业伤害是否属于工伤权益保护范畴难以确定。在这一点上，《工伤保险条例》针对职业伤害所规定的工作场所、原因及时间，在新业态从业人员遭受的职业伤害中，不应进行扩张，即上下班交通事故等不应包含在保障范围内，因此新业态从业人员要对自己的安全承担风险防范义务。

(3) 享受职业伤害基本保障。目前，不管是网约车平台还是外卖平台，协助新业态从业人员缴纳的商业意外险在保障范围上大多只涉及死亡伤残赔付及医疗费用的报销，难以保障新业态从业人员发生职业伤害后的基本生活。鉴于此，应该扩张新业态从业人员职业伤害的保障范围，除了死亡伤残赔付及医疗费用外，生活保障也应该被列入重点保障范围。

2. 构建完善的新业态从业人员保障制度

(1) 坚持社会保险定位。值得注意的是，新业态从业人员中一部分是仍具有人格从属性和经济从属性的，这部分从业人员受劳动法律制度全方位保护；另一部分则是不具有人格从属性，但仍具有经济从属性的从业人员，类似于雇佣劳动者，受劳动法律制度部分保护。2021 年 7 月 7 日，国务院常务会议确定了多项关于新业态从业人员权益保障的政策，为新业态企业与从业人员的治理定了基调，即“适应新就业形态，推动建立多种形式、有利于保障劳动者权益的劳动关系”。另外，《意见》用劳动法律规制这种去劳动关系化的平台用工形式，使其回归到劳动法律的覆盖范围上来。人社部也明确了社会保险是新业态从业人员职业伤害保障的基本定位，将在现行工伤保险运行的基础上创新制度模式，在政府主导的大框架下建立并实施。

(2) 工会发挥组织优势。在现有法律制度缺失的情况下，集体协商权作为劳动者的一项基本权利，可以成为保护新业态从业人员权益的一个途径，其中工会组织可作为劳动者代表，参与劳动者与用人单位之间劳动行为规范的制定，切实保障劳动者合法权益。集体谈判制度一方面维护了劳动者的权益，提高了劳动者的工资和社会权益保障；另一方面能够巩固内部的稳定团结，提高企业的经营效益。但是新就业形态的行业性质导致从业人员难以固定集中在一起，他们通常分散在城市各个地方独立工作，在各个平台之间来回切换身份，流动性大，各个从业人员在之间还是直接竞争关系。多种因素导致劳动者加入工会的意愿不高，进而造成工会工作难以顺利开展。

(3) 财政支持。政府需要在制度的运行过程中提供充足的财政支持，为新业态企业的健康发展保驾护航。

三、健康保险，让病有所医

健康保险是指在被保险人身体出现疾病时，由保险公司向其支付保险金的保险。健康保险，通俗来说，就是对疾病、医疗、护理、失能的保障。有一个形象的比喻：如果人的一生可以用一串阿拉伯数字来表示的话，健康是第一个“1”，财富、地位、名誉、成就等都是后面的“零”，如果没有最前面的“1”，后面的“零”都没有意义。所以说，人的健康尤为重要。既然健康这么重要，保障就必不可少。

（一）健康保险的分类

健康保险按保障内容不同，可分为疾病保险、医疗保险、护理保险和失能保险（也称失能收入损失保险）。

1. 疾病保险

疾病保险，是指以保险合同约定的疾病发生为给付保险金条件的保险。当被保险人被确诊罹患合同约定的某种疾病时，保险人按合同约定的保险金额给付保险金，而不考虑疾病的治疗过程和花费的医疗费用的多少。疾病保险通常保障特定的、危险性高的、费用支出大的疾病，包括重大疾病和特定疾病保险。目前主要有包涵几十种重大疾病的综合疾病保险、专门保障癌症的特定疾病保险、女性特定疾病保险、少儿特定疾病保险、糖尿病特定疾病保险等。

2. 医疗保险

医疗保险，是指以保险合同约定的医疗行为的发生为给付保险金条件，为被保险人接受诊疗期间医疗费用支出提供保障的保险。一般包括医院的医疗费、手术费、药费、诊疗费、护理费、检查费和杂费等。常见的险种有门诊医疗保险、住院医疗保险、涵盖社保范围内外的补充医疗保险、手术医疗保险、涵盖昂贵医院和海外医院的高端医疗保险等。

3. 护理保险

护理保险，是指以因保险合同约定的日常生活能力障碍引发护理需要为给付保险金条件，为被保险人的护理支出提供保障的保险。通俗来说，就是为被保险人失去生活自理能力（吃饭、穿衣、沐浴、如厕、行动、移动），提供护理服务或给付护理费的保险。既有定额给付的护理险，也有报销式的护理产品。可给付护理服务的产品也已出现，被保险人发生护理时可以任意选择是接受现金保险给付，还是接受保险公司提供的护理服务。

调查数据显示，我国 80 岁以上老人，需要护理比例超过 30%，90 岁以上高龄老人，每两个老人中就有一个生活不能自理。老年人一旦丧失生活自理的能力，就需要别人长期照料才能生存下去，不仅需要大量人力成本以提供护理服务，同时还面临高昂的护理费用，因此发展长期护理保险至关重要。我国 2021 年数据显示，中国 60 岁以上老年人口已达 2.6 亿人，占总人口的 18.6%。未来老龄人口的占比还会不断升高。根据联合国预测，到 2050 年，我国 60 岁以上人口比例将达到 36.5%，远超欧美等国家。在我国人口老龄化日趋严重的大背景下，如何长期照护好失能、半失能老人，已经成为刻不容缓的问题。

举个例子。福州市的王婆婆因脑炎失去生活自理能力，全靠老伴陈大爷照顾。一天，陈大爷摔倒，无人照料王婆婆了。政策出台后，王婆婆被评估为重度失能一级，每月可享受 1530 元左右的基础照护待遇，个人承担 270 元/每月，专业机构每月定期上门提供照护服务。从此，陈大爷再也不用担心照顾不了老伴了。

4. 失能保险

失能保险，也称失能收入损失保险，指以意外伤害、疾病导致工作能力丧失为给付保险金条件，为被保险人在一定时期内收入减少或中断提供保障的保险。

失能收入损失保险按照保障范围一般可分两种：一种是补偿因伤害而致残疾的收入损失保险；另一种是补偿因疾病而致的收入损失保险。目前，失能险主要以住院津贴保险的形式出现，因意外或疾病住院，保险公司按住院天数，每天给付 50～1000 元不等的住院津贴，一般不超过 180 天。由于承保群体的不足、定价的依据不足，目前鲜有保险公司开发个人的失能收入损失险，而主要以团体保险的形式出现。

（二）健康保险的发展模式

健康保险是世界各国普遍采用的转移健康风险的主要方式，也是许多国家医疗保障体系的组成部分，不同国家由于医疗保障制度各具特色，健康保险的发展也不尽相同。

1. 美国模式

美国以复杂多样的自由市场为主要特征，商业保险较为发达。健康保险以商业健康险为主，有 600 多家保险公司开展健康保险业务，既有非营利性的管理式医疗组织，也有营利性的保险公司和专业健康保险公司。2021 年，美国联合健康集团位列《财富》世界 500 强第 8 位，营业额高达 2421 亿美元。美国健康保险公司专业化的医疗控费能力很强，很多经营健康险的企业旗下设立医院、药店，或与医院建立了密切关系，对过度医疗等风险进行管控。

2. 英国模式

英国实行全民公费医疗主导模式，商业健康保险居于辅助地位，主要为高收入客户群体提供高端医疗保障服务。英国的公费医疗服务效率低下，在英国发生了感冒，如果没有其他严重症状，可能预约排队一星期也未必能看到医生。

3. 德国模式

德国的基本框架是法定医疗保险与商业健康保险并行，商业健康保险的经营有明确的规定，必须与其他保险业务分业经营。德国的专业健康险公司在产品开发、核算定价、数据分析、经营流程、客户服务、医院管理等方面极其系统和精细。

我国的健康险专业化经营起步较晚，目前还未形成成熟的经营模式。目前我国健康险主要是政府主办基本医疗保险，辅以商业健康保险。

（三）健康保险的主要特点

1. 等待期

健康保险合同一般规定了一个等待期（也称观察期），等待期结束后才正式生效，通常为合同生效之日起 90 天或 180 天之内。在等待期，被保险人被诊断出相应的疾病或发生的医疗费用，保险公司无给付责任。保险合同设置等待期条款的目的在于防止被保险人带病投保，从而保障保险公司和其他被保险人的权益。

2. 特殊的免责条款

对以下项目，保险人通常免责：既往症，指被保险人在合同生效之前已知或应该知道的有关疾病或症状；遗传性疾病，先天性畸形、变形，或染色体异常；特殊传染病如艾滋病等；不孕不育治疗、人工授精、分娩、流产、美容、康复、牙科等。

3. 给付限额

由于被保险人患病概率差异很大，医疗费用的高低也相差很大，为了保障保险公司和广大被保险人的利益，一般对保险人医疗保险金的给付有限额规定，比如：规定住院费用的给付限额，包括每天的给付限额和住院天数的限额；规定手术费用的限额；规定门诊每次费用，以及一定时期内总的门诊费用限额；规定各种疾病的给付限额。

4. 保证续保条款

医疗险多为中短期产品，对被保险人来说无法获得连续的保障，所以很多医疗险产品含有保证续保条款，即当医疗险合同到期后，在满足一定条件下，保险公司保证被保险人续保权利的一种约定。

（四）健康保险产品介绍

1. 医疗保险产品

根据承保属性，医疗保险产品可分为社会医疗保险和商业医疗保险。社会医疗保险是由政府通过立法强制实施，当参保人发生医疗支出时，为其提供基础性的经济补偿的法定保障制度，是国家为其居民提供的一项福利。我国目前有城镇职工基本医疗保险和城乡居民基本医疗保险两种社会保险。

根据给付方式的不同，可以分为费用报销型医疗保险、津贴型医疗保险。

医疗保险原则上适用“损失补偿原则”，即根据被保险人的实际医疗费用进行赔付。

根据承保内容的不同，医疗保险可以分为基本医疗保险、大额医疗保险、特种医疗保险。

基本医疗保险产品主要包括门诊医疗保险、住院医疗保险、手术医疗保险和综合医疗保险。

高额医疗保险又称为大额医疗保险，顾名思义，就是能为被保险人提供较高额度的医疗费用补偿。比如目前市场上比较流行的“百万医疗”保险产品，报销额度可达到100万～200万元。

2. 普惠型医疗保险

之前各地推出了类似补充医疗保险的普惠型医疗险，大多由地方政府部门与商业保险公司合作，如“津惠保”“晋惠保”“惠闽宝”等，不限年龄、不限户籍、不限职业，每年保费一两百元，门槛低、上限高、范围广。例如：福建的“惠闽宝”，每年保费 129 元，保额高达 300 万元，自负医疗费 20000 元（扣除基本医疗报销后）以上起给付，医保范围内报销 70%，医保外报销 50%；既往症人员医保内、医保外均报销 30%。此产品一经推出，就深受老百姓欢迎。

3. 疾病保险产品

首先，疾病保险产品多为长期险，甚至为终身，目的就是在被保险人患病时能够获得更大的保障。一般来说，疾病的发病率是随着年龄的增长而提高的，如购买的是短期疾病保险，续保时要承担更高额的保费，所以长期疾病保险产品是投保人的最优选择。其次，疾病保险常设有保费豁免条款，即在保费缴纳的过程中，如果被保险人罹患合同约定的疾病，不但可以获得约定的保险金，还可不用再缴纳剩余的保险费。

疾病保险目前主要有特种疾病保险和重大疾病保险。重大疾病保险，是指由保险公司经办的以特定重大疾病，如恶性肿瘤、心肌梗死、脑出血等为风险标的，当被保险人达到保险条款所约定的重大疾病时，由保险公司根据保险合同约定支付保险金。

为指导保险公司使用疾病定义，中国保险行业协会特制定《重大疾病保险的疾病定义使用规范》，保险公司将产品定名为重大疾病保险，且保险期间主要为成年人（18 周岁以上）阶段的，该产品保障的疾病范围应当包括本规范内的恶性肿瘤、急性心肌梗死、脑卒中后遗症、冠状动脉搭桥术（或称冠状动脉旁路移植术）、重大器官移植术或造血干细胞移植术、终末期肾病（或称慢性肾功能衰竭尿毒症期）；除此六种疾病外，对于本规范疾病范围以内的其他疾病种类，保险公司可以选择使用；同时，上述疾病应当使用本规范的疾病名称和疾病定义。

重大疾病保险该如何买呢?

例如:贾先生,今年30岁,年收入15万元,有城镇职工基本医疗保险,那么,他可以为自己买一份保额30万元的终身重大疾病保险。他为自己选择了一款人保健康的终身重疾险,保额30万元,20年缴,年缴保费6570元,保障涵盖120种重大疾病、60种轻症,轻症按基本保额的30%给付。假如贾先生在投保的第5年发生了轻症,他可获得9万元给付,并可获得后期保费豁免;假如贾先生在投保的第9年发生了重大疾病,他又可获得45万元的给付(前十年按保额的150%给付)。

四、教育保险,给孩子确定的未来

三胎政策出台了,许多家庭都新添了人口,随之而来的各种抚养孩子的开支也必然增加。在中华民族的伟大复兴之路上,人们的文化水平迅速提高,所以,孩子的教育成本也水涨船高。而且社会也越来越看重学历,粗略地算一下,子女的教育费着实不低,从幼儿园开始,小学、初中、高中、大学,以及后面的硕士、博士深造等,即使不算后续深造,只是常规的大学本科毕业,起码也要几十万的投入,子女教育的整个过程无时无刻都是在烧钱!这笔费用您考虑了吗?

(一)孩子的教育成本

父母养育子女,什么开销最大?不用说,当然是教育。

更何况,新时代的教育越来越重要。首先,随着人类文明的日新月异,知识越来越多,学历、各种证书也越来越重要;其次,除了学校的常规教育,子女的兴趣爱好和才艺培养也越来越重要。

不管是哪种教育,都需要大量的支出。这笔刚需的开销您算过吗?

大概地算一下，培育一个孩子从幼儿园到大学毕业，保守也要 30 万；而如果孩子要继续深造，读研或是去海外留学，更需要一大笔钱。培养一个孩子的教育成本，可详见表 5-1。

表 5-1　培养一个孩子的教育成本

年龄	阶段	教育支出项目	费用
3～6 岁	幼儿园	幼儿园（公立/私立）＋兴趣班	5 万～612 万元
7～12 岁	小学	学费、择校费、补课费、兴趣班等	6 万～614 万元
13～15 岁	中学	学费、择校费、补课费、兴趣班、生活费、购物费等	5 万～618 万元
16～18 岁	高中	学费、择校费、补课费、兴趣班、生活费、购物费等	5 万～618 万元
19～22 岁	大学	4 年学杂费、生活费、交通费	9 万～620 万元
22 岁之后	深造	准备 15 万～680 万元读研或留学	15 万～680 万元

精准数字可能每个家庭都不一样，但教育开销确实必不可少，所以，我们应该未雨绸缪，提前规划，而不是事到临头才匆忙应对。

我们都想给自己的孩子一个更美好的未来，望子成龙、望女成凤，但是，我们能够保证自己的收入可以完全覆盖子女的教育开支吗？

从这个角度上看，父母要提前准备好子女的教育金，这样才能让孩子有一个更加美好的未来。

（二）教育险的作用

有的父母可能会说：我在银行提前存一笔钱不就好了吗？难道还有更好的解决办法吗？

这里可以告诉您：有的，那就是教育金保险，也称教育险。

教育险，是解决这笔费用的最佳方法之一，可以保障我们子女的正常教育。教育险是以为孩子准备教育基金为目的的保险。教育险属于储蓄性的险种，有强制储蓄的作用，也有相应的保障作用。

教育险的一个特点是可以豁免保费，就是说如果监护人发生意外，孩子的教育费也有保障。所以说，教育险对我们的子女是十分必要的。

子女的教育支出为什么要专门用教育险来规划呢？

我们必须明白，作为子女的教育资金，必须保证是绝对安全的，不会被随意使用，而且在需要的时候必须可以使用。

（三）详解教育险

教育险的投保对象为 0 周岁到未满 18 周岁的自然人，也有特殊的教育险专门针对出生 7 天到 14 周岁的孩子。

教育险是一个相对独特的险种，每个保险公司都有针对不同情况的教育险产品。根据保障期，教育险有终身型和非终身型两种。

注意，非终身型教育险通常为完完全全的教育险。意思就是，在保险金的使用上，是专门根据孩子的教育情况设定的，一般从孩子上高中和大学的关键时间点起定期发放教育金，等孩子大学毕业或继续深造再一次性支付一笔款，让孩子在接受教育的每一个阶段都有足够的资金，安心学习。

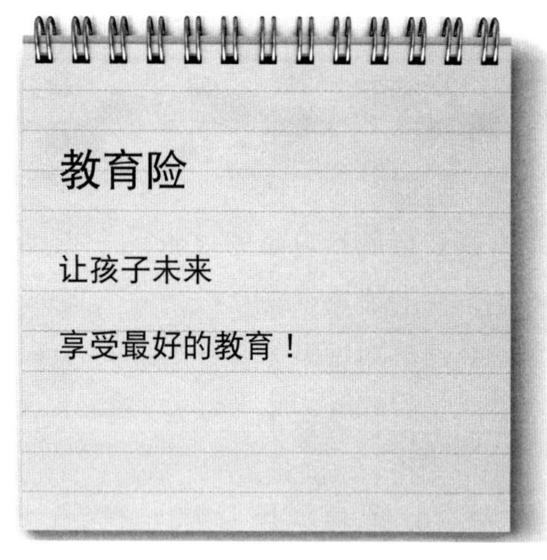

图 5-2　教育险

终身型教育险通常是数年一发放教育金的，于孩子求学时支付接受教育的教育金，老了能够转换成养老金，享受保险公司的成长收益，在人生的各个阶段快乐生活。

（四）如何规划教育金

规划教育金应该遵守三点：未雨绸缪、专项专用、理性投资。

首先，未雨绸缪。教育金和孩子的未来息息相关，应该未雨绸缪，提前规划，享受复利。这样父母也可以准备得更充分。各国学费一直是水涨船高，父母事先准备，就能够应对突发情况，让子女的教育不受到影响。

其次，专项专用。教育金只能用作子女的教育支出。子女的教育时间相对较长，不能发生教育金用在其他地方，等到了该支出孩子的教育金时却无钱可用的情况。所以，必须单独开通一个账户来存储教育金，专项专用。

最后，理性投资。教育金规划要选好合适的投资品种，投资者需要理性投资。投资时不仅要注意收益率，更要注意风险。所以，父母在打算投保教育险时就要确定好投资品种，必须制定详细的规划，理性选择投资品种，实现教育金的保值增值。

我们在投保教育险时应该注意什么呢？

（1）先保障后教育。父母在给子女投保教育险时，一定要确保已经投保了意外险及医疗险，千万不要本末倒置。

（2）搞懂豁免条款。投保主险时，也要投保豁免保费附加险。如此，即使父母不能继续交保费时，子女还能享受保障。

（3）注意教育金流动性。教育险的保费相对较高，在很长一段时间内需要源源不断地投入资金，要定期缴纳保费给保险公司。

（4）教育险有保障作用，能保障投保人和被保险人疾病和意外伤害等方面。

（5）如果投保人患病或意外身故等，无法继续缴纳孩子的教育险保费，那么保险公司可以豁免投保人后面要交的保险费，就是说保险公司替投保人交保费，孩子仍然可以享受保障。

您明白了吗？

五、养老保险，在夕阳下的笑脸

孝顺老人是中华民族的传统美德。老人若缺乏照顾，晚年生活绝不会安心。但是，随着我国人口结构老龄化越来越严重，过去的养儿防老和退休金、社保已不能完全保证老人的生活质量，因此一些有先见之明的人已经开始购买商业养老险。很多人不仅给父母购买，也给自己投保了养老险，因为在年轻时从收入里拿出一部分，未雨绸缪，给自己也投保养老险，可以保障自己晚年生活的质量。

国际上现行公认标准是：一个国家 60 岁以上人口占全部人口的比重在 20%～30%之间为中度老龄化，超过 30%是重度老龄化。

我国第七次人口普查显示，和第六次普查结果相比较，我国 60 岁以上老人的比例显著上升，而少儿和中青年人口比例都降低了，人口老龄化程度进一步加深（如图 5-3 所示）。

如果持续下去，社会上年轻人会逐渐匮乏，老人越来越多。

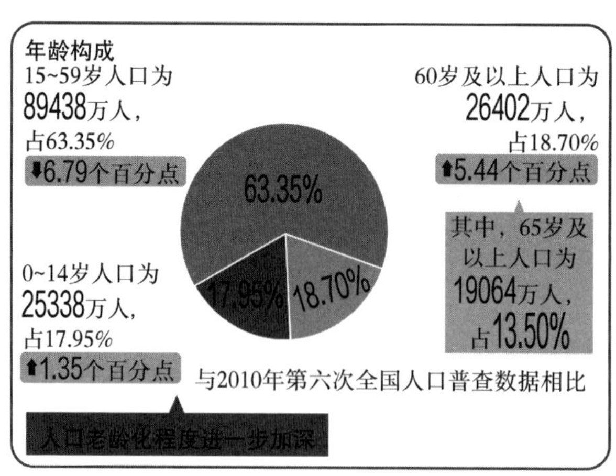

图 5-3　2020 年第七次人口普查结果

所以优化生育政策才会提到，释放生育潜能，减缓人口老龄化进程，促进代际和谐，开放三胎。

随着老人越来越多，我们该怎么办呢？接下来，就让我们一起看看养老保险。

（一）养老保险的特点

养老保险事业发轫于德国，发展于欧洲，后被世界上许多国家和地区所学习。各国的养老制度经过多年的发展，积累了丰富的管理经验：注重养老保险法制建设，依法推进养老保险事业建设；注重公平与效率，实施参量式养老金给付模式；注重城乡居民养老保险统筹共享，体现养老保险制度的平等性和互济性；注重养老保险营运管理，确保基金安全有效。

商业养老保险是一种可以长期得到养老金的人身险，属于年金保险的一种，也叫退休金养老保险，可以很好地与社会养老保险互补。投保人缴纳一定的保险费后，被保险人就可以从合同约定的年龄起得到保险公司发放的养老金。所以，就算被保险人年老退休了薪酬减少，商业养老保险的养老金也可以让老人的晚年生活质量维持在一定的水平。在商业养老保险中，如果没有专门规定，那么投保人每隔一段固定的时间交固定的保险费，且在缴纳保费期间利息不变。

要注意的是，商业养老保险有个特点：年龄越小，需要交的保险费就越少（如图 5-4 所示）。所以，最好是在年轻时就做好规划，趁早投保。

（二）如何投保养老险

养老保险产品很多，我们要根据自身情况投保。接下来，我们一起来学习下投保原则，学以致用。

养老保险都是长期合同，投保后就是我们永远的保障。所以，投保

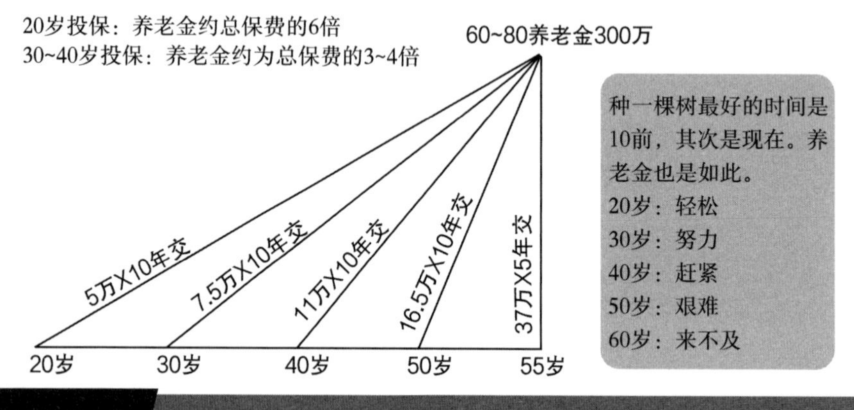

图 5-4　不同年龄投保养老保险缴费例示

的养老保险是否合适，和我们未来的晚年生活息息相关，必须慎重考虑。如果购买了不合适的养老保险，发现后再去保险公司退保，会给我们造成一定的损失。所以，在投保养老保险之前，必须全面审视自身的实际情况，计算好合适的保险费和保险金额。一般来说，我们在投保时通常要考虑保险金额的大小和我们自身可以承受得起的保险费这两个要点。

我们在思考养老保险保障的具体需求时，需要大概预算出自己需要的保险金额，像退休后的生活费，医疗费用、看护费用的支出等开销，扣掉我们自己拥有的储蓄，剩下的额度就是我们需要的养老金额。

养老保险需求＝开销需求－自己可负担的金额

我们已经知道，不同险种的缴费手段不同：可以趸缴，即一次交完所有保费；也可以分期缴费，如 3～10 年分期交完。总的来说，各种缴费方式各有各的好，关键是看自身最适合哪种方式。一般情况下，老年人最好别选择缴费期短的，因为老年人不但需要衣食住行的正常开销，更要考虑医疗费用这项重要花销，可以附加上不错的健康险，毕竟老年人经常需要住院或是做手术。

应该明白，在任何时候购买养老险都是正确的选择。要注意的是明白自己的收入水平，好把自己的资金更好地投入晚年生活；就算自己的晚年退休金比较低甚至没有收入，也能让自己过上有尊严的生活。

投保养老保险要和我们的年龄、收入、规划相一致，尽量把钱花在刀刃上，最好是根据自己的年龄精打细算。从保费方面来看，要想让自己的生活质量不降低，每年投保健康保险产品的保费最好是在自己年收入的25%以内，若是考虑投资的话，最高可到35%。

六、用保险规划资产，依法律传承财富

前面咱们说过，保险不仅具有保障的功能，还有资金融通的功能，我们可以通过买保险，在获得保障的同时，让自己的资产保值增值，这就是理财型的保险产品。目前这类产品主要有年金险、分红险、万能险、投资连结险（当然，这类保险的保障功能会低一些）。同时，我们还可以通过保险合法地传承财富。

（一）年金险

年金险是指投保人从年轻时就定期缴纳保险费，到了合同约定年龄，保险公司就开始定期支付给客户养老金，直到被保险人死亡或合同到期，可以让客户老有所养，使晚年生活能过得从容体面。

年金保险是优先可选的财务规划方式。

（二）分红险

分红险是指保险公司将其上一年度该分红险的可分配盈余，按一定比例向客户进行红利分配的保险产品。其分红不固定，与保险公司经营

状况息息相关，在一定程度上把保险公司和客户的利益捆绑在一起，这样保险公司为了自己的利润必定竭尽全力保证客户的收益，省心省力。分红险是一种既有保险保障功能，又有投资收益功能的保险，所以其保险费率高于传统人身险的费率。分红险具有确定的利益保证和获取红利的机会。

投保人在购买了分红险后，保险公司会在每个会计年度结束后，将上一会计年度该类分红保险的可分配盈余，按一定比例，以现金分红的方式，分配给客户。中国银保监会规定保险公司每年至少应将分红保险可分配盈余的70%分配给客户。分红是不固定的，分红水平与保险公司的经营状况有直接关系，保险公司与客户共同承担投资风险和收益。

（三）万能险

万能险，是保险公司把积聚的保费交给专业理财队伍进行投资，来确保获得较为理想的投资回报，让投保人分享投资收益的保险产品，所以会把保单的价值和保险公司独立运作的投保人投资账户资金的业绩联系起来。

万能险除了与传统寿险一样给予人身保障之外，还可以让客户直接参与由保险公司为投保人建立的投资账户内资金的投资，保单价值与保险公司独立运作的投资账户资金的业绩挂钩。万能险缴费灵活，保额可调，为保单持有人选择灵活的缴费方式提供了便利。保险公司一般每月公布一次收益率。投保人交的保费要扣除初始费用、风险保险费、保单管理费等，剩余部分才计入万能账户。因此，头几年万能险的整体收益不会太高。

例如：王先生今年25岁，买了一份某公司的“爱健康A1”款个人税优万能险，年缴保费10000元。其中风险保费408元，剩余9592元记入万能账户，税优健康险万能账户不扣初始费和保单管理费。王先生获得住院医疗25万元的保障，其中医保范围内自负部分100%报销，医保范围外符合条件的，报销 80%。假设万能账户的结算利率为 5%，一年后，王先生的个人万能账户的余额有 10071.6 元，收益有 71.6 元，还获得了 25 万元的住院医疗保障，同时个人所得税还可获得优惠。

（四）投资连结险

投资连结险，简称投连险，顾名思义，它是和投资挂钩的保险产品。投连险保单在提供人身保险保障时，其价值是根据投资基金的投资表现来决定的，它是一种融保险和投资功能于一身的新险种。由于投资账户不承诺投资回报，保险公司在收取资金管理费后，所有的投资收益和投资损失由客户承担。投连险适合于既有理性的投资理念，又具有较高风险承受能力的投保人。

（五）合法传承财富

我国保险法充分保障投保人、被保险人、受益人的合法利益。《保险法》第 92 条规定："经营有人寿保险业务的保险公司被依法撤销或者被依法宣告破产的，其持有的人寿保险合同及责任准备金，必须转让给其他经营有人寿保险业务的保险公司；不能同其他保险公司达成转让协议的，由国务院保险监督管理机构指定经营有人寿保险业务的保险公司接受转让。"所以人们不用担心人寿保险的利益得不到保障。

《保险法》第 23 条规定："任何单位和个人不得非法干预保险人履行赔偿或者给付保险金的义务，也不得限制被保险人或者受益人取得保险金的权利。"所以说，身故保险金也不会被没收、查扣。被保险人、受益人领取保险金也不需要缴纳个人所得税。投保人可以通过买保险的方式，将个人的财富合法传承给指定的受益人，可以避免一些不必要的纠纷，还可规避今后可能开征的"遗产税"。

财富传承最重要的特征是确定财富的安全性和保值性；确定财富分配，确定财富不受婚变和家庭纠纷的影响。保险将这些确定变成了一定。保险受益人可以由投保人或被保险人指定，如果指定受益人，被保险人身故之后，保险金就是受益人的，简化了遗产继承的各种手续。作为财富传承的一种工具，保险具有保障、保证、保全、保持四大功能。

确定性是高净值人士最为关心的问题，只要他指定了受益人，他是能够百分之百将自己的财富传给受益人的，而且受益人可以多人，也可以指定顺序和份额。当财富面临纠纷时，存款、股票、基金、房产等都有可能被冻结，但人寿保险具有防火墙的作用，不会被查封冻结，债权人也无权要求受益人将保险金用来偿还债务。

保险传承财富除了确定性之外，私密性、便捷性也是其重要特征。

李嘉诚曾经说过一句话："我的家族之所以一直有钱，是因为我为他们买了足够多的保险。"这句话很值得我们深思。

案例分析

保险在财富传承中应用

【基本案情】一位 60 岁的李姓企业家，经营一家木材厂，生意红火。爱人逝世多年，有两个儿子。长子在厂里干了十几年，做好了继承家业的准备；次子在国外留学，想留在那里。企业家毕竟年龄大了，需要考虑两个儿子的问题了，和厂内高管一讨论，觉得很是头疼，必须合理解决。他们家族拥有木材厂 70%的股权，30%是其他高管持有的。要是分家，两个儿子平分 70%的股权，作为继承人的长子只有 35%的股权，无法绝对控制公司，甚至其控制权可能会被夺走，公司的发展可能受到影响。更何况次子对家业毫无兴趣，难以认真工作。

怎么办呢？很多企业家，财富几乎等于公司股权。这位企业家虽然可以立遗嘱做差别分配，但这样容易让兄弟两人反目成仇，争夺财产，这种情况是企业家不想看到的。不过，有一个不错的解决方案——保险。

企业家决定为小儿子购买一张大额分红险保单。保单生效后，企业家聘请律师宣布分产。企业家宣布公司的股份75%给长子（因为企业家家族占公司70%的股权，70%的75%等于52.5%，所以长子就有绝对控股权了），但是次子表示不满。

企业家早已料到："儿子，少的部分，我已经为你购买了大额分红险保单。"次子立刻转怒为喜，他本来就不想管理公司，拿现金比继承股权更好。一场潜在的兄弟争产就这样烟消云散了。

【案例分析】高端保险于财富传承而言，有着与信托一样的重要意义，其即时性、确定性及撬动能力，令高端保险远远不只是一张大保单，还可以成为很多财富传承的解决方案。这个案例，通俗地说明了高端保险如何解决企业传承及财产分配的问题。

知识问答

安爸爸：法院要执行我的资产，我买过的保险还保得住吗？①

保博士：在浙江省，曾经发生过人寿保单被强制执行的案例。

根据2015年浙江省高级人民法院《关于加强和规范对被执行人拥有的人身保险产品财产利益执行的通知》第1条的规定：投保人购买传统型、分红型、投资连接型、万能型人身保险产品，依保单约定可获得的生存保险金，或以现金方式支付的保单红利，或退保后保单的现金价值，均属于投保人、被保险人或受益人的财产权。当投保人、被保险人或受益人作为被执行人时，该财产权属于责任财产，人民法院可以执行。

第5条规定：人民法院要求保险机构协助扣划保险产品退保后可得财产利益时，一般应提供投保人签署的退保申请书。但被执行人下落不明，或者拒绝签署退保申请书的，执行法院可以向保险机构发出执行裁

① 沃晟学院. 66节保险法商课［M］. 北京：电子工业出版社，2020.

定书、协助执行通知书要求协助扣划保险产品退保后可得财产利益，保险机构负有协助义务。

在浙江省，传统型、分红型、投资连接型、万能型人身保险产品，依保单约定可获得的生存保险金，或以现金方式支付的保单红利，或退保后保单的现金价值均可被执行。符合条件的，法院可强制退保。

安爷爷：博士，年纪大了，我的养老保险的养老金是不是越早领取越好？

保博士：不一定哦！商业养老保险可分为投资型和理财型两种。前者的风险相对较高，而后者收益比较保守，更加保险，所以许多保险公司通常着重推荐理财型养老保险。而养老金的发放形式也有两种，一种是一次性发放，一种是定期发放，可以自行决定要哪一种。

所以，应该根据自身具体情况来定，可以提前一次性领取养老金，也可以细水长流，定期领取。

安奶奶：谢谢博士！那请问，保险规划的主要步骤是什么？

保博士：确定保险标的；选择保险产品；确定保险金额；明确保险期限。

参考文献

[1] 裘红霞.保险学［M］.北京:清华大学出版社,2011.
[2] 刘永刚.保险学［M］.北京:人民邮电出版社,2013.
[3] 李玉泉.保险法［M］.北京:法律出版社,2019.
[4] 钟明.保险学［M］.上海:上海财经大学出版社,2011.
[5] 中华人民共和国民法典［M］.北京:法律出版社,2020.
[6] 刘茂山.国际保险学［M］.北京:中国金融出版社,2003.
[7] 孙祁祥.保险学［M］.北京:北京大学出版社,2017.
[8] 陈恳.迷失的盛宴:中国保险史［M］.杭州:浙江大学出版社,2014.
[9] 沃晟学院.66节保险法商课［M］.北京:电子工业出版社,2019.
[10] 杨艳华.保险学［M］.厦门:厦门大学出版社,2019.
[11] 黄茂海.保险营销理论与实务［M］.大连:东北财经大学出版社,2017.
[12] 林宝清.保险法原理与案例［M］.北京:清华大学出版社,2006.
[13] 江生忠.保险学理论研究［M］.北京:中国金融出版社,2006.
[14] 杨艳华.保险学［M］.厦门:厦门大学出版社,2020.
[15] 寇业富.中国保险市场发展报告［M］.北京:中国财政经济出版社,2020.
[16] 王和.保险的未来［M］.北京:中信出版社,2019.
[17] 黄华明.中外保险案例分析［M］.北京:对外经贸出版社,2004.
[18] 裘红霞.保险学［M］.北京:清华大学出版社,2011.
[19] 中华人民共和国保险法［M］.北京:中国法制出版社,2015.